# EL BUEN MORIR

# DR. ELMER HUERTA

# EL BUEN MORIR

## BREVE GUÍA PARA ENTENDER Y AFRONTAR LA MUERTE

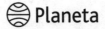 Planeta

© 2024, Editorial Planeta Mexicana, S.A. de C.V.
Bajo el sello editorial PLANETA M.R.
Avenida Presidente Masarik núm. 111,
Piso 2, Polanco V Sección, Miguel Hidalgo
C.P. 11560, Ciudad de México
www.planetadelibros.com.mx

Primera edición en formato epub: septiembre de 2024
ISBN: 978-607-39-1353-9

Primera edición impresa en México: septiembre de 2024
ISBN: 978-607-39-0538-1

Impreso en los talleres de Bertelsmann Printing Group USA
25 Jack Enders Boulevard, Berryville, Virginia 22611, USA.
Impreso en U.S.A - *Printed in U.S.A*

*A mi familia, que siempre ha estado conmigo*
*en las buenas y en las malas.*
*A mis pacientes, quienes me han enseñado todo lo que sé.*
*A mi madre, que inspiró este libro y muchos sentimientos*
*maravillosos en mi vida.*

*Timor mortis morte pejor* *.

LOCUCIÓN LATINA

---

* «El miedo a la muerte es peor que la muerte misma».

# ÍNDICE

# PRÓLOGO

Ciego desde muy joven, mi abuelo materno Leoncio Ramírez tenía, entre sus múltiples oficios, uno muy especial: ayudaba a morir a la gente en Recuay, un pequeño pueblo en el Callejón de Huaylas de los Andes peruanos.

Según mi madre, cuyos relatos de infancia quedaron para siempre grabados en mi memoria, el abuelo había cultivado el arte de lograr que una persona que llevaba sufriendo varios días de agonía pudiera finalmente morir.

Contaba mi madre que, en cualquier momento del día o de la noche, la gente tocaba la puerta de su casa pidiendo los servicios de don Leoncio. La historia era siempre la misma: alguien estaba agonizando por varios días en su casa y no podía morir, por lo que le pedían por favor al abuelo que los ayude.

Mi madre, una niña en ese tiempo, nos contaba que montaba al abuelo ciego en su caballo blanco y lo guiaba a la casa del cliente. Una vez llegados, el abuelo se situaba junto a la cama del moribundo, preparaba su violín y empezaba a interpretar tristes canciones fúnebres en latín.

Según mi madre, las canciones eran tan «solemnes» y «conmovedoras» que hacían llorar a los familiares y el agonizante, al escuchar la música, abría los ojos, balbuceaba algunas palabras y al rato moría en paz. La familia, agradecida, compensaba los servicios del abuelo con algún pago en especies y mi madre regresaba con él a la casa montado en su obediente caballo.

Esa fue probablemente una de mis primeras vivencias relacionadas con la muerte. Mientras escuchaba el relato de mi madre, imaginaba la habitación y el rostro del agonizante bajo la luz de una vela, pensando en cómo era posible que un ser humano necesitara algún tipo de ayuda para morir.

El segundo recuerdo infantil relacionado con la muerte ocurrió cuando yo tenía ocho años y el tío Leoncio (hijo del abuelo ciego del mismo nombre), médico de profesión y empecinado en que yo siguiera su carrera, me llevó a presenciar una autopsia en el hospital en que trabajaba.

Recuerdo el cuerpo hinchado y amoratado del cadáver, un hombre que había muerto ahogado en el río, y recuerdo los órganos abdominales expuestos frente a mí. Al darse cuenta de lo que ocurría, las monjas que administraban el hospital en que trabajaba el tío le llamaron severamente la atención por traer un niño a la autopsia y me llevaron a una habitación para asegurarse de que estaba bien.

Recuerdo muy bien que, durante esa y las noches siguientes, mi mente de niño no estaba fijada en el horror de haber visto un cadáver o sus órganos expuestos, sino más bien en ese miedo infantil a que el «espíritu» del muerto se me apareciera en cualquier momento y me asustara. En lugar de sentir miedo por el recuerdo del cadáver y los detalles de los órganos me causó mucha curiosidad y eso no me asustó.

El tercer evento que me enfrentó a la muerte —y probablemente el germen de mis intenciones de escribir un libro sobre el tema— ocurrió durante mi época de estudiante de Medicina, cuando trabajaba en la antigua Asistencia Pública de Lima, un centro médico de emergencia extraordinariamente ocupado.

Allí, durante casi seis años, pude ver las muchas caras de la muerte. Por un lado, vi centenares de casos de muerte súbita, producto de infartos cardiacos, derrames cerebrales, accidentes de diversos tipos, actos de violencia y otras razones. Pero también presencié cómo morían muchas personas que sufrían de enfermedades crónicas, como cáncer o afecciones respiratorias o del corazón, y que eran llevadas a la emergencia por familiares asustados y desorientados, que no sabían cómo proceder en casa. Es decir, al no tener instrucciones claras, no sabían cómo planificar y acompañar la muerte del familiar con enfermedad crónica, y, al notar los primeros estertores de la muerte, entraban en pánico y corrían a la Emergencia.

La respuesta de los familiares ante la muerte del ser querido era siempre impredecible. Si la muerte era súbita e inesperada, las reacciones de los deudos podían variar desde actos violentos con destrucción de muebles u objetos del hospital, hasta crisis agudas de ansiedad que necesitaban ser atendidas inmediatamente. Se podría pensar que esto sería diferente en caso de que si la muerte fuera consecuencia de una enfermedad crónica, pero las respuestas eran también impredecibles: algunos reaccionaban con resignación, quizás porque la muerte era esperada, mientras que otros reaccionaban como si la muerte hubiera ocurrido de un momento a otro y nadie les hubiera advertido del hecho.

Durante esos años empecé a cuestionar la diferente preparación que tenemos los seres humanos para confrontar el fallecimiento de un ser querido y me preguntaba si sería posible preparar a las personas para entender la muerte como un fenómeno natural.

El cuarto evento, y de hecho el que más influyó en mi visión personal de la muerte, ocurrió durante mi residencia de Medicina Oncológica en el Instituto Nacional de Enfermedades Neoplásicas en Lima, durante la primera mitad de los años ochenta. Allí vi la muerte mucho más de cerca.

Como médico de planta, cada noche de guardia (que ocurría dos o tres veces por semana), certificaba la muerte por cáncer de varios pacientes. Debido a que algunos de ellos eran mis pacientes, había tenido la oportunidad de interactuar con ellos y con sus familiares, y tenía una idea de lo que podría ocurrir cuando llegara el momento de la muerte.

Durante las conversaciones con algunos de mis pacientes con cáncer, tuve la oportunidad de ensayar respuestas a las preguntas que me hacían con respecto a su propia muerte. Muchas veces no sabía que responder, lo que me hizo darme cuenta de que la escuela de Medicina no me había preparado para ayudar a morir al paciente.

En la Facultad de Medicina, y a pesar de saberse de que muchas enfermedades que afectan al ser humano no tenían curación, mi educación se había centrado en el aspecto curativo de la enfermedad y casi nunca se hablaba de la muerte. Es más, en todos esos años de estudios, me inculcaron la idea de que la muerte era el enemigo del médico y de la medicina, y el velado consejo que daban los maestros era que «a un buen médico no se le mueren sus pacientes».

De tal modo que al enfrentar diariamente la muerte en ese hospital de cáncer empecé a sentir en carne propia la falta de preparación que teníamos los médicos para afrontar la muerte de nuestros pacientes y para saber guiar sus últimos momentos y el de sus familias.

Tiempo después, y ya con los años de práctica, reafirmé que hablar de la muerte es un tema tabú para mucha gente, pero su consecuencia es que, al ocurrir lo inevitable, los enfermos no saben cómo enfrentar su propia mortalidad y los deudos se sienten completamente desorientados en los múltiples aspectos relacionados con el fallecimiento del ser querido.

El último episodio que me enfrentó a la muerte, y sin duda a mi propia mortalidad, fue el fallecimiento de mi madre en marzo de 2006. Durante las conversaciones que manteníamos en su larga lucha contra el cáncer, hablábamos ocasionalmente de la muerte, tanto la de mi padre —fallecido en un accidente de automóvil durante mi niñez y que pasó desapercibida por mi corta edad— como la de familiares y amigos, e incluso, con más frecuencia al final, la de ella misma.

Un año antes de que ella muriera, falleció el papa san Juan Pablo II, de quien mi madre era ferviente devota, y nunca olvidaré el día en que me dijo que la muerte de Juan Pablo la había inspirado a seguir sus pasos de muerte. Al preguntarle a que se refería, me dijo que ella deseaba morir como lo había pedido el papa: en su casa, en su dormitorio y en su cama, y me hizo jurarle que yo iba a velar por que eso sucediera.

Y así fue: ella murió en su casa, en su habitación y en su cama. Durante los meses que pasaron antes de su muerte, me decía que se estaba yendo realizada de ver a sus hijos logrados y que ansiaba el momento de encontrarse con mi padre.

En esos días decidí escribir dos libros en su memoria, el primero sobre el cáncer, publicado en 2010, y este, sobre la muerte.

Por eso he escrito este breve libro, al que veo como una especie de manual básico que toda persona debería leer para aprender qué es la muerte desde el punto de vista histórico, biológico y emocional, pero que también le pueda dar información básica acerca del cómo prepararse para cuando le llegue el momento de enfrentar la propia muerte o la de un ser querido o familiar. Un libro que, leído sin superstición y temor, le pueda brindar al lector la información que necesita para saber cómo actuar, cómo reaccionar y cómo planificar su vida, frente al hecho inevitable de algún día morir y que le permita planificar también la llegada de la muerte en un familiar, y que esta no lo sorprenda sin saber qué hacer.

En los primeros capítulos repasaremos brevemente las diferentes interpretaciones culturales que de la muerte han hecho diferentes sociedades a través de la historia, veremos qué representa la muerte desde el punto de vista biológico y de cómo, desde el siglo pasado, se ha medicalizado la muerte, lo que ha creado toda una industria en prolongar —muchas veces innecesariamente— la vida.

También veremos cómo, en respuesta a la medicalización de la muerte, han surgido los movimientos de muerte digna, y repasaremos lo que significa *eutanasia,* citando ejemplos de casos registrados en las Américas.

Veremos también cuales son los pasos básicos que debemos tomar cuando tenemos a un familiar o amigo que está en el trance de morir. ¿Sabemos cómo actuar? ¿Sabemos qué decir? ¿Sabemos cómo ayudar?

Otro capítulo del libro está dedicado a «preparar las cosas», no solamente cuando un familiar o amigo tenga una enfermedad terminal y el fin sea inevitable, sino también en caso de que los sorprenda la muerte de manera súbita y repentina. Hablaremos desde testamentos, órdenes de no resucitación y donación de órganos, hasta claves de cuentas bancarias y de correos electrónicos a los que los deudos puedan acceder fácilmente después de la partida.

Debido a que la muerte «es un problema de los vivos», porque el fallecido ya no se da cuenta de nada, el último capítulo estará dedicado a ayudar a los deudos y guiarlos a superar el estrés postraumático que ocasiona la partida del ser querido y orientarlos a entender de que la vida continúa.

El objetivo final de este libro, que a propósito hemos querido que sea breve y sucinto, es reflexionar y convencernos de que la muerte no es más que la continuación de la vida y que es nuestro deber saber cómo aceptarla, entendiendo que, hasta que esta llegue, tenemos la misión fundamental de vivir plenamente y con alegría cada día que tengamos por delante.

Capítulo 1

# La percepción de la muerte

¿Qué significa la muerte? ¿Existe un más allá? ¿Acaso la forma en que nos comportamos en vida tendrá alguna consecuencia después de la muerte? ¿Existe un alma, un paraíso o un infierno?

Esas son algunas de las más importantes preguntas existenciales que el ser humano se ha hecho desde tiempos inmemoriales, y a cuya respuesta ha dedicado siglos de reflexión. En ese afán, y ante la profundidad de tales preguntas, se han creado las religiones que existieron y existen en la actualidad.

¿Cuál es el significado que tiene de la muerte la sociedad moderna? ¿Cómo ha cambiado la percepción que de la muerte tenemos los seres humanos durante los últimos siglos?

A continuación revisaremos el concepto que de la muerte tenían las antiguas civilizaciones humanas, incluyendo los homínidos o humanos prehistóricos. Con esta rápida revisión podremos empezar a entender nuestra visión sobre la vida y la muerte a través de los siglos. Pero antes de entrar en estos conceptos, es interesante saber que muchos animales tienen, también, cierta conciencia de la muerte.

## LA CONCIENCIA DE LA MUERTE EN ANIMALES

Aunque se sabe relativamente poco sobre el modo en que los animales reaccionan ante la muerte de otros individuos de su grupo, al parecer, los seres humanos no somos los únicos seres vivientes que expresamos nuestras emociones y practicamos algún tipo de ritual al enfrentarnos a la muerte de un ser querido. Debido a la naturaleza del fenómeno, las posibilidades de observar el comportamiento de un animal ante la muerte son escasas, y casi todo lo que sabe es consecuencia de observaciones y anécdotas, algunas de ellas en reservas naturales.

Se sabe, por ejemplo, que los elefantes participan en complejos rituales de duelo cuando muere un miembro de su grupo y se les ha observado cubriendo los cuerpos de un elefante muerto con tierra, hojas y ramas.

Al respecto, es conocido el caso de la elefanta Eleanor, que murió en la Reserva Nacional de Samburu en Kenia el 10 de octubre de 2003, y de cómo —de acuerdo con la descripción de los trabajadores— su cuerpo fue «velado» durante varios días por otros elefantes de la manada, incluyendo a su joven cría, que fue adoptada por Mary, otra elefanta del grupo.

Del mismo modo, cuando un chimpancé bebé muere, su madre carga el cuerpo sin vida durante días, a veces durante semanas o meses, acicalando el cuerpo del cadáver, y deja de interactuar con el cadáver solo cuando se ha descompuesto tanto que ya no es posible transportarlo. Se han observado prácticas similares en gorilas, babuinos, macacos, y lémures.

## Los ritos ante la muerte no son exclusivos de los seres humanos, sino que están también presentes en otros animales.

También son muy interesantes las observaciones de investigadores británicos que presenciaron la muerte de Pansy, una chimpancé de aproximadamente cincuenta años que murió en cautividad. Los autores describieron cómo los demás chimpancés del grupo cuidaron de la enferma antes de su muerte y cómo, cuando esta ocurrió, examinaron minuciosamente el cadáver, quizás para convencerse de que estaba muerta. Vieron también que los machos del grupo demostraban signos de agresión hacia el cadáver, y que la hija de Pansy veló a su madre durante toda la noche, limpiándole el pelaje, mientras que los demás miembros del grupo evitaron entrar al lugar donde se produjo la muerte durante varios días. Los autores concluyen que los chimpancés muestran varios comportamientos que recuerdan las respuestas humanas ante la muerte de un pariente cercano y podría considerase que tienen un sentido del significado de la muerte.

Asimismo, los delfines cargan los cuerpos de sus crías muertas sobre sus espaldas y participan en lo que parecería ser un comportamiento de duelo. Se ha publicado el caso de un delfín bebé que falleció en la isla La Gomera en las Canarias. Los investigadores documentaron que los delfines adultos permanecieron alrededor del cadáver durante varios días, evitando que las aves marinas se acercaran al cadáver, mostrando signos de agresividad a las personas que intentaron acercarse. De igual modo, en 2010 se observó que una orca empujaba y acariciaba a su cría muerta durante seis horas, sin intención de abandonar el cuerpo, y existen reportes de ballenas jorobadas llorando lastimeramente cuando un compañero queda varado.

También se ha descrito que los perros de la pradera arrastran los cuerpos de sus compañeros muertos a cámaras funerarias subterráneas.

Pero al parecer, el comportamiento ante la muerte de un congénere no está confinado a los mamíferos, pues se ha descrito que los cuervos y las urracas cubren el cuerpo de sus muertos con hojas y ramas, y graznan en lo que parecería ser un ritual de luto.

Puede concluirse entonces que los cambios de comportamiento y la adopción de ritos ante la muerte de un congénere no son exclusivas de los seres humanos, sino que están también presentes en otros animales.

## LA MUERTE EN LA PREHISTORIA

Se han encontrado evidencias de que los seres humanos han sabido honrar la memoria de sus muertos desde épocas prehistóricas. Una de las evidencias más tempranas de entierro intencional de los muertos por humanos se remonta al período Paleolítico Medio, que comenzó hace unos 300 000 años y duró hasta hace unos 30 000 años.

En la Sima de los Huesos, un yacimiento rupestre del norte de España, se han encontrado los restos de al menos veintiocho individuos, en lo que algunos investigadores piensan representan formas tempranas de una práctica funeraria. Los huesos datan de hace unos 430 000 años y muestran evidencia de haber sido enterrados en una ubicación deliberadamente escogida dentro de la cueva.

En las cuevas Qafzeh y Skhul, en Israel, se han encontrado esqueletos en una posición flexionada que datan de hace aproximadamente unos 100 000 y 80 000 años respectivamente. Los arqueólogos piensan que fueron enterrados intencionalmente.

En el lago Mungo, un lugar en Australia en donde se han encontrado los restos de individuos que datan de hace unos 40 000 años, se identificaron huesos femeninos bautizados como *Mungo Lady*. Los arqueólogos postulan que, por el modo de entierro —el cual incluía una incineración inicial, seguida de la trituración de los huesos y una segunda incineración—, los antiguos habitantes estaban siguiendo determinados ritos funerarios. Del mismo modo, los restos del llamado *Mungo Man* habían también sido enterrados después de un ritual, que incluyó ser acostado de espaldas, con las manos cruzadas sobre su vientre y cubrir el cuerpo de ocre rojo.

Esos son solo algunos ejemplos de los primeros signos de entierro humano intencional en la historia. La evidencia sugiere que las prácticas funerarias han sido parte de la cultura humana desde hace cientos de miles de años, como veremos a continuación.

**Las prácticas funerarias han sido parte de la cultura humana desde hace cientos de miles de años.**

## LA MUERTE A TRAVÉS DE LA HISTORIA

Para los *antiguos egipcios,* la muerte no era el final de la vida, sino una transición a una nueva forma de existencia. Los antiguos egipcios creían en la existencia de una vida después de la muerte, y que el alma, o *ka,* del difunto podía vivir en ella, residiendo en una imagen o estatua del fallecido. El cuerpo era visto como el recipiente que albergaba el alma, y un entierro y una momificación adecuados eran esenciales para garantizar que el alma pudiera continuar su viaje al más allá, donde el difunto continuaría disfrutando de las mismas actividades, posesiones y estatus social que tenía en vida.

La muerte para los egipcios también era un momento de juicio, donde el difunto se pararía ante el dios del inframundo, Osiris, y sería juzgado por sus acciones en vida. Si se los consideraba dignos, se les permitiría continuar su viaje al más allá, pero si se los consideraba indignos, serían castigados.

Para la *antigua cultura india,* la muerte era considerada parte natural e inevitable del ciclo de nacimiento y renacimiento. La filosofía india de la vida y la muerte está profundamente arraigada en el concepto del karma y la creencia en la reencarnación.

**En el hinduismo, la muerte es vista como una oportunidad para lograr un mejor renacimiento; y el cuerpo, como un recipiente temporal en el que habita el alma.**

En el hinduismo, la religión más practicada en India, la muerte es vista como una transición de una vida a otra y se cree que el alma *(atman)* es inmortal y seguirá renaciendo (reencarnándose) repetidamente hasta alcanzar el *moksha* o liberación del ciclo de nacimiento y muerte.

De una manera poética, los hindúes dicen que después de múltiples reencarnaciones, el alma se sumerge en el «mar de *samsara»*, con la intención de alcanzar el *moksha* o liberación de las ataduras causadas por el karma o acciones del pasado. El «mar de *samsara»* es imaginado como una red formada por las buenas y malas acciones hechas durante la vida.

Según la creencia hindú, la forma en que una persona vive su vida determina la naturaleza de su próxima reencarnación, y las buenas acciones o karma positivo pueden conducir a una mejor vida en el próximo renacimiento, mientras que las malas acciones o el karma negativo conducen a un renacimiento inferior.

En el hinduismo, la muerte es vista como una oportunidad para lograr un mejor renacimiento y está marcada por varios rituales y ceremonias, incluida la cremación del cuerpo. El cuerpo se ve como un recipiente temporal en el que habita el alma, y se cree que su cremación libera al alma de sus ataduras terrenales y le permite continuar su viaje hacia la liberación.

Para los *chinos,* la muerte ha sido un elemento importante de su cultura desde la antigüedad y se le considera parte natural del ciclo de la vida. En la filosofía china, más que un final, la muerte es una transformación, y se cree que el alma o el espíritu continúan existiendo después de la muerte.

En la cultura tradicional china, el concepto del más allá está estrechamente relacionado con la idea del culto a los antepasados. Se creía que estos tenían el poder de influir en la vida de sus descendientes, por lo que honrarlos —a través de rituales y ofrendas— se consideraba como una forma de mantener sus bendiciones y protección. El culto a los antepasados y la creencia en el más allá continúan siendo aspectos importantes de la cultura china hasta el día de hoy.

Según las creencias chinas, el alma o espíritu del difunto pasa por un período de transición después de la muerte, tiempo en el cual viaja al más allá por un camino plagado de peligros y obstáculos, por lo que se realizan rituales y ofrendas específicas para garantizar un viaje seguro para el difunto. Los chinos creían también que la forma en que una persona vivía tendría un impacto en su vida después de la muerte: las buenas acciones conducían a una vida después de la muerte favorable, mientras que las malas acciones podían provocar castigos o consecuencias negativas.

En la *antigua cultura griega,* la muerte se consideraba una parte natural del ciclo de la vida y, a menudo, se representaba en la literatura y el arte como un viaje al inframundo. Los griegos creían que, después de la muerte, el alma continuaría existiendo en el inframundo, pero la forma en que una persona vivía su vida podía afectar su experiencia en el más allá.

Los antiguos griegos creían que el alma o psique era una entidad separada del cuerpo y que el cuerpo era simplemente un recipiente temporal para el alma. Se creía que el alma, después de la muerte, viajaba al inframundo, donde era juzgado por los dioses y, según sus actos en vida, enviado al Elíseo o lugar de goce, o a los Campos de Castigo.

Los griegos también creían en la idea de una vida después de la muerte, pero no la veían como una continuación de la vida terrenal, sino más bien como un reino separado, con su propio conjunto de reglas y costumbres. El inframundo era un lugar oscuro e imponente, habitado por sombras o fantasmas de los muertos que no habían recibido los ritos funerarios adecuados, y estaba gobernado por Hades, el dios del inframundo, quien juzgaba las almas de los muertos basándose en sus actos en vida.

La muerte estaba marcada por estrictos rituales y prácticas funerarias, incluida la preparación del cuerpo, el entierro y los períodos de duelo, los cuales estaban destinados a mostrar respeto por el difunto y asegurarle un viaje tranquilo al más allá.

En la *antigua cultura romana,* la muerte era también considerada como una transición importante. Los romanos creían que después de la muerte el alma continuaría existiendo en el más allá, y que la naturaleza de dicha existencia estaba determinada por las acciones que había tenido la persona durante su vida.

## La muerte estaba marcada por estrictos rituales y prácticas funerarias, incluidos la preparación del cuerpo, el entierro y los períodos de duelo.

Bajo la influencia de los griegos, los romanos también creían en la vida después de la muerte y en la existencia de un reino sombrío llamado *inframundo,* gobernado por el dios Plutón, el cual estaba dividido en varias regiones, asignadas a diferentes tipos de almas.

Los romanos creían que el alma era juzgada después de la muerte y que las buenas obras en la vida conducían a una vida favorable después de la muerte, mientras que las malas acciones darían lugar al castigo y a consecuencias negativas. Se creía que las almas más virtuosas ascendían a los Campos Elíseos, un reino del más allá parecido a un paraíso.

Al igual que los griegos, los romanos practicaban ritos y rituales funerarios muy elaborados, destinados a honrar al difunto y asegurar una tranquila transición al más allá. Las procesiones fúnebres a menudo incluían músicos, dolientes y diversas ofrendas, como flores, incienso y comida. Generalmente, el cuerpo era incinerado y las cenizas se colocaban en urnas o se enterraban en tumbas, las cuales —según la riqueza de las familias— podían ser enormes monumentos o tumbas sencillas. Algunos romanos también creían en la posibilidad de convertirse en un antepasado deificado después de la muerte, y esta creencia se utilizó para legitimar el poder de ciertas familias gobernantes.

Para la *cultura maya,* que floreció en América Central y México, la muerte no era considerada como el final de la vida, sino como parte de un ciclo en el que las personas morían solo para volver a nacer, vinculándola al ciclo de vida del maíz. Su culto estaba estrechamente ligado a sus creencias e incorporado a sus prácticas religiosas.

Los mayas creían que la muerte era una continuación de la vida terrenal, pero con diferentes desafíos y recompensas y, a diferencia de muchas otras culturas, la idea de que las buenas acciones durante la vida les evitarían el tormento eterno no formaba parte de su sistema de creencias.

Para los mayas, las almas de los muertos viajaban al inframundo, un lugar llamado Xibalbá, descrito en su libro sagrado *Popol Vuh* como un lugar con nueve niveles diferentes, que las almas tenían que ascender. Por ello, las gigantescas pirámides de piedra de Palenque, el templo en Tikal o la pirámide de Kukulcán en Chichén Itzá, construidas como tumbas para sus reyes, tienen nueve niveles.

Dadas las dificultades y peligros que los mayas preveían en el ascenso de las almas por los nueve niveles del Xibalbá, los muertos eran enterrados o incinerados con armas, herramientas, utensilios para el tejido, bienes preciosos como el jade, alimentos como el chocolate e incluso perros que actuaban como compañeros y guías. Las personas comunes eran enterradas en el suelo de sus casas, mientras que a los reyes y gobernantes se les construían pirámides.

Los *aztecas* también creían que la muerte no era el final de la vida, sino su continuación en una forma diferente y que la muerte era un paso necesario en el ciclo de la vida y

La muerte fue un elemento importante de los rituales y ceremonias religiosas aztecas; el más notable fue el Festival de los Muertos, o Día de los Muertos, que aún se celebra.

el renacimiento. Las almas de los muertos podían regresar al mundo de los vivos para brindar orientación y protección a sus descendientes. Es por eso que el culto a los antepasados era una parte importante de la cultura azteca, y se construyeron altares y santuarios para honrar a los antepasados y buscar sus bendiciones.

Los aztecas creían que en el más allá existían varios reinos diferentes, cada uno con sus propios desafíos y recompensas. Uno de esos reinos era Mictlán, el inframundo, donde las almas de los muertos viajaban después de la muerte. Mictlán estaba gobernado por el dios Mictlantecuhtli y su esposa Mictecacihuatl, quienes eran los encargados de juzgar las almas de los muertos.

Mictlantecuhtli era un dios muy importante porque, como gobernante de Mictlán, iba a juzgar algún día cara a cara a todas las almas. Al igual que los mayas, los aztecas no creían en un paraíso especial reservado solo para los justos, sino que todas las almas compartirían el mismo destino después de la muerte, independientemente del tipo de vida que hubieran llevado.

También creían en un inframundo con nueve capas que las almas debían recorrer en un arduo viaje de cuatro años hasta llegar finalmente a la extinción en la parte más profunda del Mictlán.

La muerte fue un elemento importante de los rituales y ceremonias religiosas aztecas; el más notable fue el famoso Festival de los Muertos, o Día de los Muertos, que aún se celebra en México hasta la actualidad. Durante este festival, las familias honran a sus seres queridos fallecidos construyendo altares y ofreciendo alimentos, flores y otras prendas. El festival es una celebración de la vida y la muerte, y un recordatorio del ciclo de la vida y de la muerte, y de la importancia de recordar y honrar a los que han fallecido.

Los *incas* creían en la continuidad de la existencia y que la muerte era solo una transición de una forma de vida a otra. El culto a la muerte estaba estrechamente ligado a sus creencias y prácticas religiosas. Los incas creían que los difuntos seguían siendo parte de la comunidad y que la comunicación con ellos era posible a través de rituales y ofrendas, por lo que construyeron elaborados mausoleos y tumbas. Los incas también momificaban a algunos de sus líderes y antepasados, a quienes consideraban sagrados, y los conservaban en lugares especiales para su adoración y veneración.

La religión inca creía en la existencia de tres reinos naturales habitados por los vivos y los muertos: el Hanan Pacha o mundo superior, también conocido como Tierra del Sol, en el que habitaba el dios sol Inti y su hermana, la diosa luna Quilla; el Kay Pacha o mundo medio, en el que habitaban seres humanos, animales y plantas; y el Uku Pacha o inframundo, gobernado por Supay, el dios de la muerte.

---

## Los incas creían que el comportamiento de la persona durante su vida determinaba el destino del alma después de la muerte.

A diferencia de los mayas y los aztecas, los incas creían que el comportamiento de la persona durante su vida sí determinaba el destino del alma después de la muerte. Si la persona había vivido de acuerdo con los preceptos de la sociedad inca —*Ama sua, ama lulla, ama kella* (no robes, no mientas, no seas perezoso)—, el alma habitaba en el Hanan Pacha o mundo superior, donde había temperaturas agradables y los dioses estaban siempre cerca. De otro modo, iba al Uku Pacha o inframundo, donde siempre hacía frío y el alma habitaba en soledad en la oscuridad eterna.

Sociólogos e historiadores coinciden, entonces, en que los incas tuvieron el concepto de «cielo» e «infierno» mucho antes de que esos términos religiosos fueran introducidos por el cristianismo en su sociedad después de la conquista por los españoles.

Por lo general, los incas momificaban el cuerpo del difunto y lo colocaban en una tumba, junto con varias ofrendas, como comida, bebida y objetos personales, que pensaban serían útiles en el más allá. A diferencia de otras culturas que practicaban la momificación, y que colocaban el cadáver en posición acostada, los incas colocaban sus momias en posición sentada, un hecho cuyo significado se ignora. Los incas realizaban también elaboradas procesiones fúnebres, que incluían música, baile y la presencia de múltiples dolientes.

En el caso de *otras antiguas culturas nativoamericanas*, algunas creían en una vida después de la muerte, con un más allá pacífico y feliz, mientras que otras creían en un viaje al más allá con más obstáculos. Por su parte, algunas creían que el alma del difunto seguía desempeñando un papel en la vida de los vivos y que era importante honrar y recordar a los antepasados.

Algunas tribus llevaban a cabo elaborados rituales y ceremonias funerarias para honrar a sus difuntos y ayudarlos en la transición al más allá, ceremonias que a menudo incluían música, baile y festejos, y se tomaban como una celebración de la vida del difunto en lugar de un duelo por su muerte.

En otras, se creía que el difunto necesitaba ser guiado al más allá por un guía o guardián espiritual, y que en su viaje iba a tener muchas necesidades, por lo que enterraban al difunto con varios artículos, como alimentos, herramientas y posesiones personales, que se creía que serían útiles en el más allá.

En resumen, es fascinante comprobar que, para casi todas las civilizaciones antiguas, la muerte era considerada un paso al más allá, una continuación de la vida a un lugar especial, cuyas características estaban determinadas por un juicio final en el que se tomaba en cuenta el comportamiento de la persona durante la vida.

Esta mentalidad de miedo, rechazo y negación a la muerte es la que, según Ariès, predomina en la actualidad.

## LA MUERTE EN LA SOCIEDAD MODERNA

Según el historiador francés Philip Ariès, quien estudió la muerte a través de los tiempos, la civilización occidental ha pasado desde la Edad Media hasta finales del siglo XX por cuatro «mentalidades de muerte», a las cuales denomina *la muerte domada, mi muerte, tu muerte* y *la muerte prohibida.*

En la mentalidad de *muerte domada,* característica de los albores de la Edad Media (aproximadamente 470 d. C.), las personas aceptaban, esperaban y se preparaban para la muerte. Según Ariès, el proceso de la muerte tenía cuatro características: la primera es que la persona en trance de muerte la esperaba siempre en posición horizontal, en el «lecho de muerte»; la segunda, que el moribundo presidía personalmente las ceremonias religiosas relacionadas con su muerte, dando permiso a que entren familiares y sacerdotes a acompañarlo; la tercera, que, dado que la muerte era vista como un acontecimiento natural, este era un evento público, en el que a los cónyuges, hijos, amigos y familiares, incluyendo niños, se les permitía visitar a la persona en trance de morir; y la cuarta, que, a pesar de ser un evento público aceptado, esperado y preparado, no se permitía el espectáculo ni el desborde de emociones de deudos y amigos. En esa época, el destino del cadáver no era motivo de especial preocupación, por lo que se usaban cementerios con fosas comunes. Ariès propuso el término *muerte domada* en contraposición a *muerte salvaje,* la cual, según él, es la mentalidad de miedo, rechazo y negación a la muerte que predomina en la actualidad.

En la mentalidad *mi muerte,* característica de los siglos XI y XII, el enfoque pasa de la muerte misma como evento central al sujeto o persona que muere, por lo que podría considerarse como la personalización de la muerte. Esta etapa estuvo fuertemente influenciada por el rechazo a la muerte y el concepto del «juicio final», en el que el alma del individuo era juzgada y podía ser enviada al cielo o al infierno de acuerdo con el resultado del juicio. Ariès describe que la persona en trance de morir permitía acompañantes, pero que, a diferencia de la mentalidad anterior, en que los acogía para que lo acompañen, en esta lo hacía para que le sirvan como testigos de su arrepentimiento en el momento del juicio final. En esta etapa, dice Ariès, aparecieron las tumbas personales, mausoleos e incluso la gente del pueblo esperaba tener una tumba con su inscripción después de morir.

En la mentalidad *tu muerte,* que se inicia a comienzos del siglo XVIII, Ariès describe un cambio radical en la percepción de la muerte, la que ya no era vista como un evento normal, esperado y programado, sino que ahora era temido e inesperado. La presencia de familiares y amigos de la persona en trance de morir era aceptada en el proceso de la muerte, pero, debido a su rechazo como evento natural,

## La muerte es vista ahora como un evento vergonzoso y prohibido. Hay una inhibición casi completa de las emociones de los deudos.

a los presentes se les permitía y alentaba a dar rienda suelta a sus emociones negativas, apareciendo el luto con todas las manifestaciones emocionales que conocemos en la actualidad. En esta etapa, en la que los deudos no aceptan la muerte del ser querido, se desarrolla el arte de inmortalizar el legado de las personas fallecidas para que «vivan por siempre». A diferencia de la mentalidad de muerte domada, en la que la muerte era esperada y aceptada, en estas dos últimas mentalidades la muerte es completamente rechazada.

La cuarta mentalidad, *muerte prohibida*, se ha desarrollado desde fines del siglo XIX y se mantuvo durante el siglo XX, principalmente en Estados Unidos y Europa, aunque se extendió a otros lugares del mundo. Esta mentalidad, según Ariès, se ha extendido porque la sociedad ha cambiado tanto que la muerte es vista ahora como un evento vergonzoso y prohibido, y que, a diferencia de la mentalidad *tu muerte* que permitía expresiones emocionales del duelo, en esta de *muerte prohibida*, se propone una inhibición casi completa de las emociones de los deudos. Dice también Ariès que hay un elemento fundamental que ha ayudado a moldear esta mentalidad: la aparición del hospital como principal lugar de muerte, institución que alienta la idea de que la muerte es el enemigo de la medicina y la vida. En la mentalidad *muerte prohibida*, dice Ariès, más que un evento natural, la muerte se ha convertido en una «concesión» de los médicos, quienes «permiten» que sus pacientes puedan morir, y su ocurrencia, dado el enorme auge de la industria funeraria, ha adquirido la categoría de un producto de consumo.

Recientemente, el sociólogo danés Michael Hviid Jacobsen enriquece y amplía el concepto de la mentalidad *muerte prohibida* de Ariès, denominándola como mentalidad *muerte como espectáculo,* que, según el investigador, es la que vivimos en nuestros días.

Para Jacobsen, esta etapa de *muerte como espectáculo* tiene cinco características. La primera es que la muerte se muestra sin tapujos en los medios de comunicación y es usada con fines sociales o políticos. La segunda es que ha surgido toda una industria alrededor de la muerte y el manejo de esta se ha comercializado. La tercera es que se han desarrollado nuevos ritos alrededor de la muerte, tales como música popular en los velorios, esparcir las cenizas en algún lugar de preferencia, construir memoriales o monumentos conmemorativos —que muchas veces tienen fines sociales o políticos—, entre otros. La cuarta es que la revolución de los cuidados paliativos, que ha coincidido con la medicalización de la muerte por la proliferación de hospitales, ha cambiado el discurso médico de la muerte desde el siglo pasado. El concepto del derecho a una muerte digna, por ejemplo, ha hecho que los moribundos y sus familiares sean constantemente informados sobre su condición médica, pidiéndoseles que sean ellos los que tomen sus propias decisiones con respecto a la muerte. La quinta característica es que la muerte se ha convertido en un objeto de estudio por la ciencias sociales, por lo cual se han publicado muchos estudios al respecto. En ese sentido, es probable que este libro sea consecuencia de esa moderna corriente informativa, en la que los autores tratamos de reflexionar y comunicar los diversos aspectos relacionados con la muerte al público general.

Viviendo entonces en plena mentalidad de *muerte prohibida* o *muerte como espectáculo,* y después de haber repasado brevemente la historia de las percepciones de la muerte a través de los tiempos, volvamos a las preguntas fundamentales planteadas al comienzo de este capítulo: ¿Qué piensa usted de la muerte? ¿Cree en el más allá? ¿Cree que la forma en que se comporta en vida tendrá alguna consecuencia después de la muerte? ¿Cree que existe un alma? ¿Cree que existe un paraíso o un infierno?

A esas importantes preguntas, quizás tengamos que añadir: ¿Ha pensado en su propia muerte? ¿Piensa que está preparado para afrontar su propia mortalidad o la pérdida de algún familiar o amigo?

Capítulo 2

# La muerte como evento biológico

## PARA ENTENDER LA MUERTE
## HAY QUE ENTENDER LA VIDA

Si definimos la muerte como la ausencia de vida, es muy importante entender qué es lo que entendemos por vida. Desde el punto de vista biológico, la vida es el estado en el cual las células y tejidos de los diferentes órganos del cuerpo son capaces de efectuar sus funciones, gracias al constante suministro de oxígeno y sustancias nutrientes que les llegan a través de la circulación de la sangre.

En vida, el corazón late de sesenta a ochenta veces por minuto, bombeando sangre oxigenada a través del sistema circulatorio arterial a los tejidos que necesitan oxígeno y alimentos para vivir. La sangre arterial, una vez usada en los tejidos se convierte en sangre venosa sin oxígeno, la cual regresa por el sistema circulatorio venoso al corazón, que la envía a los pulmones para su oxigenación, y queda lista para ser distribuida nuevamente por la circulación arterial.

Gracias al oxígeno y nutrientes, los diferentes órganos y tejidos del cuerpo realizan sus funciones, es decir, están vivos. El cerebro, por ejemplo, durante la vigilia, permite que, a través de nuestros sentidos —vista, olfato, tacto, audición y gusto—, nos relacionemos con el mundo externo y que, mediante el lenguaje, nos comuniquemos con los demás.

Del mismo modo, los diferentes órganos del aparato digestivo permiten la deglución y digestión de alimentos, y el almacenamiento y evacuación de deshechos, los órganos del aparato urinario filtran la sangre y producen orina, la cual es almacenada y evacuada, el sistema glandular produce diversos tipos de hormonas para mantener importantes funciones del organismo, tales como el metabolismo, el equilibrio del agua o las funciones sexuales.

En pocas palabras, la vida implica el trabajo coordinado de múltiples órganos, estado que tiene como factor común la actividad vital de las células en los tejidos, proporcionada por el constante suministro de sangre oxigenada y con alimentos por la actividad del corazón y los pulmones.

La muerte implica, entonces, el cese de la función de las actividades celulares, las cuales se manifiestan con la pérdida de función de órganos y sistemas corporales, evidenciada por la ausencia de los signos vitales: respiración, pulso, presión arterial y temperatura corporal.

En resumen, la muerte es el cese irreversible de todas las funciones biológicas que sustentan a un organismo vivo. Es el final de la vida, caracterizado por la pérdida permanente de la conciencia, las funciones corporales y los signos vitales. La muerte es un proceso natural y universal que ocurre en todos los seres vivos, incluidos los humanos, los animales y las plantas. Basta haber nacido para tener que morir.

No hay duda de que todos los órganos son esenciales para mantener la vida de una persona, pero es posible argumentar que el corazón y el aparato circulatorio, los pulmones y el sistema respiratorio y el cerebro son órganos cuya función definen la vida tal como la consideramos en nuestra vida diaria.

**La muerte es un proceso natural y universal que ocurre en todos los seres vivos. Basta haber nacido para tener que morir.**

Cuando un individuo muere, el corazón deja de latir, lo que ocasiona una reacción en cadena: si los demás órganos no reciben sangre oxigenada y con nutrientes, entonces dejan de funcionar, siendo más evidentes el cese de las funciones de los pulmones y el cerebro.

Quizás por eso es que, desde tiempos inmemoriales, tres son las funciones que se examinan para saber si una persona está muerta: que no tenga pulso (implica que el corazón dejó de latir y no hay circulación de la sangre), que no respire y que no tenga conciencia.

Es obvio que el tiempo en que se apagan las funciones vitales va a depender del intervalo de tiempo que tarde una persona en morir. Por ejemplo, en la muerte súbita de una persona previamente saludable, en un accidente o un paro eléctrico cardiaco, por ejemplo, el deceso ocurre

**Dependiendo de la enfermedad, las semanas y los días previos a la muerte pueden variar de una persona a otra, pero sus últimos momentos son similares en la gran mayoría de los casos.**

en cuestión de minutos. Al revés, y dependiendo del tipo de enfermedad —una grave infección o un cáncer, por ejemplo—, la muerte puede tardar semanas o incluso meses en ocurrir.

La revisión que haremos a continuación se refiere a los signos y síntomas que preceden a la muerte progresiva causada por una enfermedad crónica.

Debido a los adelantos médicos de las últimas décadas, especialmente al invento de la máquina de respiración artificial, los tratamientos que reciben los pacientes con enfermedades crónicas no solo retrasan el curso de la enfermedad, sino que también prolongan el proceso de la muerte.

En general, dependiendo de la enfermedad, las semanas y los días previos a la muerte pueden variar de una persona a otra, pero los días y sobre todo las horas previas a esta son similares en la gran mayoría de los casos.

## SIGNOS QUE ANUNCIAN LA MUERTE

Durante los días que preceden al fallecimiento, ocurren algunos cambios en el organismo, que describiremos a continuación.

El primero es que la persona duerme por tiempos más prolongados, restringiendo al máximo su movilidad. Eso ocurre porque dormir ya no tiene como objetivo descansar y ganar energía después de la actividad, sino que es consecuencia de que el cuerpo no tiene energía para la actividad.

La persona en trance de morir también presenta una marcada disminución del apetito y la sed debido a que su organismo ya no necesita la misma cantidad de agua y calorías para funcionar. El tiempo de aparición de esos síntomas es muy variable, pudiendo ocurrir días, semanas e incluso meses antes de la muerte. Eventualmente, el moribundo pierde el apetito por completo y, a pesar de los buenos deseos de la familia, es inútil obligarlo a comer. Dependiendo de las circunstancias particulares, el profesional de la salud que atiende al enfermo podrá recomendar el uso de dispositivos de alimentación artificial, tales como una sonda de alimentación o decidir que la alimentación y el agua ya no son importantes y deben suspenderse.

A medida que se restringen el agua y los alimentos, el moribundo puede presentar cambios en sus hábitos evacuatorios, siendo el estreñimiento un síntoma muy común entre las personas que están muriendo. Al mismo tiempo, la debilidad muscular impide un buen control de los músculos del piso pélvico, lo que puede ocasionar incontinencia urinaria y fecal. En esas circunstancias, los médicos pueden recetar ablandadores de heces e indicar dispositivos médicos como los catéteres de Foley permanentes, que se introducen en la vejiga a través de la uretra para mantener un flujo constante de orina.

Es muy común también que, durante el período que precede a la muerte, la persona muestre tendencia al retiro y al desapego de las cosas que antes le causaban atención. También es posible que la persona prefiera estar sola en lugar de recibir visitas, comportamiento que no debe ser interpretado por los familiares y amigos como una señal de falta de cariño, sino como una manifestación normal del moribundo que debe respetarse.

Durante esos días se presentan también alteraciones de los signos vitales, tales como cambios en la temperatura, el pulso, la frecuencia respiratoria y la presión arterial. La temperatura del cuerpo disminuye y la piel puede sentirse fría o húmeda al tacto, el pulso es débil y muchas veces imperceptible, la respiración puede volverse irregular y la presión arterial es inestable, y se presenta una tendencia a la presión baja. Asimismo, en el trace de morir es posible que la persona alterne la vigilia, el sueño y la inconsciencia, situación que causa alarma en la familia, quienes, al ver su dificultad para despertar, pueden pensar que ha caído en coma. Hacia el final, los períodos de inconsciencia pueden hacerse más prolongados.

Algunas investigaciones sugieren que, estando en la inconsciencia, es posible que la persona pueda aún escuchar y sentir caricias reconfortantes. Debido a que el tacto y el oído son los últimos sentidos que desaparecen con la muerte, es muy importante estar junto al moribundo en los momentos finales, acariciándolos y hablándoles como si estuvieran escuchándonos.

Finalmente, como consecuencia de la falta de movilidad y el estar permanentemente acostado en la cama, la piel de la parte posterior de la cintura y la espalda puede debilitarse y sufrir severas heridas llamadas *escaras* o *úlceras de decúbito*. Esa situación se agrava por la falta de renovación de células de la piel y la pérdida de masa muscular por la falta de alimentos. Los cuidadores del paciente deben monitorear constantemente la piel del enfermo en busca de infecciones y reposicionarlo con cierta frecuencia para asegurarse de que su piel no permanezca en contacto con su cama por mucho tiempo.

## SIGNOS DE UNA MUERTE INMINENTE

Tres de los principales signos que preceden a la muerte son el estertor, la falta de aire y la agitación terminal. Es importante entender que, a pesar de lo dramático de esos signos de muerte para los familiares y amigos, se acepta que el moribundo no sufre debido a ellos.

**A pesar de lo dramático de esos signos de muerte, se acepta que el moribundo no sufre debido a ellos.**

El *estertor* —definido por la Real Academia de la Lengua Española como una «respiración anhelosa, generalmente ronca o silbante, propia de la agonía y del coma»— ocurre

cuando, debido a la debilidad de la lengua, se acumulan secreciones en la garganta del moribundo causado por un
trastorno en la deglución. Normalmente, la lengua ejerce
una vigorosa acción al momento de tragar la saliva o los alimentos, empujando el contenido de la boca hacia la farin-
ge y el esófago, y permitiendo que el cartílago epiglotis de
la laringe —que actúa a manera de una tapa— impida que
el alimento pase a la vía respiratoria. Debido a la debilidad
generalizada del moribundo, la deglución de la saliva y secreciones por acción de la lengua no es posible, y el paso
del aire a través de las secreciones que se acumulan en la
parte baja de la garganta, alrededor de la epiglotis, producen un ruido característico llamado *estertor*. Se acepta que
los estertores no causan dolor ni sufrimiento en la persona,
pero una manera de aliviarlos es la aspiración de secreciones con una cánula conectada a un succionador mecánico.
Se estima que la duración promedio desde el inicio de los
estertores hasta la muerte es de 16 horas.

*La falta de aire* es otro signo que puede indicar la cerca-
nía de la muerte y es consecuencia de la acumulación de secreciones en las vías aéreas, y la debilidad de los músculos
respiratorios, incluyendo el músculo diafragma. La falta de
aire puede también ser consecuencia de infecciones respiratorias que estén complicando el final de la vida. Es posible que, en sus últimos momentos, la persona pase períodos
largos sin respirar. La angustia que pueda causar este síntoma en el moribundo puede ser aliviada con el uso cuidadoso de la morfina, medicamento que actúa en los centros
cerebrales que alivian la ansiedad.

Otro signo de que la muerte está por llegar es la *agitación terminal,* en la que el moribundo presenta momentos súbitos de gran energía, generalmente después de largos períodos de sueño. En esta situación, el enfermo puede intentar levantarse de la cama o arrancarse los dispositivos médicos a los que está conectado, tales como cánulas, sondas o vías intravenosas.

Durante esta agitación terminal, el moribundo puede confundir a una persona con otra, puede sufrir de alucinaciones auditivas y visuales y se puede mostrar agresivo y frustrado con quienes lo atienden. Es posible que ese fenómeno esté causado por una distorsión en la forma que sus sentidos perciben el entorno. Por ejemplo, sonidos o imágenes que antes le parecían normales pueden ahora parecerle aterradoras o amenazantes. La agitación terminal es, por lo general, más notoria durante la noche que el día.

Debido a que algunos estudios han demostrado que, a medida que se acerca la muerte, el cerebro del moribundo libera una enorme cantidad de neurotransmisores o sustancias químicas cerebrales, es posible que estas sustancias alteren el estado de conciencia y se produzcan momentos de hiperrealidad. Eso explicaría, según algunos expertos, que las personas que están muriendo a menudo hablan de

**La angustia que pueda causar la falta de aire en el moribundo puede ser aliviada con el uso cuidadoso de la morfina.**

ver una luz brillante, de ver a personas ya fallecidas o verse a sí mismos en un viaje en el que se reunirán con un ser querido fallecido.

## DIAGNÓSTICO DE LA MUERTE

Al ser un hecho médico cotidiano con consecuencias sociales, legales, religiosas y culturales, el diagnóstico de muerte requiere estándares clínicos comunes que puedan ser usados en todos los países del mundo. El diagnóstico de muerte generalmente deja pocas o ninguna duda, pero lamentablemente —y por poco intuitivo que parezca— eso no es siempre fácil. Eso explica las noticias sensacionalistas que algunas veces leemos en las que una persona muerta se levanta del féretro en pleno velorio, causando sorpresa y alarma entre los presentes.

Definir el momento de la muerte no solo es importante para evitar el uso de intervenciones médicas innecesarias en pacientes que ya fallecieron, sino también para garantizar que el proceso de donación de órganos sea claro y transparente. En las últimas décadas, debido a los avances científicos —especialmente en el campo de los cuidados intensivos—, existen variaciones en los criterios usados para diagnosticar la muerte, un hecho que puede causar confusión en el público e incluso en los profesionales de la salud.

Como se mencionó antes, desde la antigüedad, se decía que una persona estaba muerta cuando dejaba de respirar, no tenía pulso y perdía la conciencia, pero con el surgimiento, a mediados del siglo pasado, de la ventilación mecánica y el soporte cardiovascular en las unidades de cuidados intensivos, esa vieja percepción perdió sentido.

Ahora era posible que una persona que había perdido la capacidad de respirar pudiera evitar la muerte si era asistido por estas máquinas. Ese adelanto abrió el concepto de la *vida artificial,* porque pacientes con graves lesiones en diversos órganos corporales —que habían devenido en un paro respiratorio— podían ahora, gracias a la ventilación mecánica, restablecer su actividad cardiaca y respiratoria y permanecer vivos por tiempo prolongado.

**Hay muchas formas de morir, pero solo una forma de estar muerto. La determinación mínima de los criterios de muerte debe ser rigurosa y aceptable para la práctica médica en todo el mundo.**

## MUERTE CEREBRAL

Sin embargo, ese mismo adelanto introdujo un concepto hasta ese momento desconocido, el de la *muerte cerebral.* Eso ocurrió porque, gracias a la ventilación mecánica, muchos pacientes con graves lesiones cerebrales eran mantenidos vivos indefinidamente sin posibilidad de recuperación de sus funciones encefálicas. Dicha situación hizo entonces que, a pesar de que todos los órganos estaban vivos y funcionando, tuviera que demostrarse que el cerebro del paciente estaba muerto.

Así, se promulgó en los Estados Unidos la Ley de Determinación Uniforme de la Muerte (UDAA), en 1981, que exige que la determinación de la muerte incluya uno de los siguientes criterios: el cese irreversible de las funciones circulatorias y pulmonares, y el cese irreversible de todas las funciones de todo el cerebro, incluido el tronco encefálico. Este último término es importante porque el tronco encefálico, la parte inferior del cerebro, contiene centros vitales como el de la sed, el hambre, el control de la temperatura y la respiración.

Al respecto, la Academia Estadounidense de Neurología (AAN) define muerte cerebral como «la pérdida completa de la conciencia, de los reflejos del tronco encefálico y de la capacidad independiente del impulso respiratorio (apnea), en ausencia de factores médicos que impliquen una posible reversibilidad».

En 2012, la Organización Mundial de la Salud (OMS) confirmó la muerte cerebral como el diagnóstico oficial de muerte. Sin embargo, debido a que a nivel internacional no existe uniformidad para certificar la muerte cerebral, es importante conocer los criterios que la determinan en cada país.

Es importante distinguir entre *muerte cerebral* y *coma,* ya que en el coma existe una forma de vida limitada, la que está ausente en la muerte cerebral encefálica. Los médicos neurólogos están capacitados para hacer la distinción entre un estado de coma y de muerte encefálica. Saber que se ha producido la muerte encefálica ayuda a orientar a médicos y familiares de los pacientes a que puedan decidir el retiro de la atención médica del paciente. La demostración de la muerte encefálica es también fundamental para la obtención de órganos para trasplante, pues, de acuerdo con la «regla del donante muerto», el trasplante solo puede ocurrir después de que se haya declarado la muerte cerebral.

La muerte cerebral debe diferenciarse también de otras formas de daño cerebral grave, tales como el *estado vegetativo* y el *estado de respuesta mínima,* condiciones en las que algunas funciones cerebrales se mantienen activas. En esas condiciones, especialmente en pacientes con lesión cerebral traumática, es posible, incluso después de mucho tiempo, la recuperación del paciente.

Debido a los raros casos de un error en el diagnóstico de muerte, en muchos centros se recomienda un período de observación del cuerpo de por lo menos seis horas, especialmente en niños y en personas fallecidas por condiciones tales como un paro cardíaco.

Hay muchas formas de morir, pero solo una forma de estar muerto, por lo que la determinación mínima de los criterios de muerte debe ser rigurosa y aceptable para la práctica médica en todo el mundo, un hecho fundamental para mantener la confianza pública y promover prácticas éticas que respeten los derechos fundamentales de las personas.

## ¿QUÉ PASA DESPUÉS DE QUE LA PERSONA MUERE?

Inmediatamente después de la muerte, empiezan los cambios que llevan lenta o rápidamente, dependiendo de las condiciones del medio ambiente en que se encuentra el cadáver, a

**Aunque la actividad eléctrica cerebral puede continuar varios minutos después de la muerte, eso no indicaría que la persona tenga algún estado de conciencia.**

la descomposición de la materia orgánica del cuerpo. En general, y según su orden cronológico de aparición, los cambios que ocurren después de la muerte *(post mortem)* pueden agruparse en tres momentos: cambios inmediatos, tempranos y tardíos. Los *cambios post mortem inmediatos* empiezan apenas deja de latir el corazón. Lo primero que se observa es que la respiración se detiene, por ello tradicionalmente se ha utilizado la prueba de colocar una pluma o un espejo delante de la nariz o la boca para detectar el aliento a manera de confirmar la muerte. Es obvio, sin embargo, que esta prueba es muy simple y muy poco fiable.

Al mismo tiempo, la falta de latidos del corazón origina la pérdida del pulso, un signo que puede ser muy difícil de detectar, incluso por personal médico entrenado. Es por eso que, cuando la muerte ocurre en el hospital, debe siempre hacerse un electrocardiograma para comprobar la ausencia de latidos del corazón. El electrocardiograma es un examen que detecta las tenues ondas eléctricas que se originan en el músculo cardiaco. Los expertos recomiendan que el corazón y los pulmones del fallecido deban auscultarse durante cinco minutos seguidos para certificar la muerte y que el cuerpo sea observado durante por lo menos seis horas antes de concluir que la persona está muerta.

El cese de las funciones del cerebro y el sistema nervioso da como resultado la pérdida de la conciencia y de los reflejos sensoriales y motores, y —al igual que en el caso del corazón—, si la muerte ocurre en un hospital, con frecuencia se hace un electroencefalograma para comprobar la pérdida de actividad eléctrica cerebral. A pesar de que recientes experimentos han revelado que, aunque la actividad eléctrica cerebral puede continuar varios minutos después de que una persona ha sido declarada muerta, eso no indicaría que la persona tenga algún estado de conciencia.

Por último, durante esta etapa inmediata, los músculos se vuelven flácidos, pierden su tono y se relajan, por lo que las pupilas se dilatan y la persona puede perder orina y heces como consecuencia de la relajación de los esfínteres.

Los *cambios post mortem tempranos* ocurren pocos minutos u horas después de la muerte, y se producen mientras el cuerpo aún está fresco, antes de que los tejidos blandos empiecen a descomponerse. Los cambios tempranos incluyen tres momentos: el enfriamiento del cuerpo *(algor mortis),* el desarrollo de la lividez o cambio de color de la piel *(livor mortis)* y el endurecimiento de los músculos *(rigor mortis).* Esos cambios son de mucha importancia para que los médicos forenses, que estudian los aspectos legales de la muerte, puedan determinar la hora del fallecimiento.

*Algor mortis* es el enfriamiento *post mortem* del cuerpo hasta que su temperatura iguala la del medio ambiente. Ocurre durante aproximadamente las primeras seis horas después de la muerte, y la velocidad de enfriamiento depende principalmente de la diferencia en la temperatura

**Recientes experimentos han revelado que, aunque la actividad eléctrica cerebral puede continuar varios minutos después de la muerte, eso no indicaría algún estado de conciencia.**

corporal en el momento de la muerte y la temperatura del medio ambiente. La velocidad de enfriamiento se acelerará en un cuerpo sumergido en agua, en un cuerpo desnudo y en un cuerpo delgado; al contrario, será más lenta en un cuerpo bien vestido o en un cuerpo obeso.

*Livor mortis,* también conocido como *lividez post mortem,* es el fenómeno por el cual la sangre, que ha dejado de circular dentro de las venas y arterias, empieza a acumularse dentro de los vasos sanguíneos y, por gravedad, se deposita en las partes del cuerpo más cercanas al suelo, causando una decoloración purpúrea de la piel que varía de rosado a púrpura oscuro.

En general, la lividez *post mortem* empieza a notarse dentro de la primera hora después de la muerte, está bien formada alrededor de tres o cuatro horas después y queda fijada alrededor de seis a ocho horas después. Una vez fija, la lividez no cambia su distribución ni se produce en nuevos lugares al cambiar la posición del cuerpo, una característica muy importante en medicina legal. La lividez *post mortem* puede no notarse en personas de piel oscura o, por falta de sangre, en personas que han muerto por una hemorragia grave.

## Comprender el sentido de estos procesos ayuda a entender la finitud de la vida y la interconexión de los organismos dentro del mundo natural.

El tercer tipo de cambio *post mortem* temprano es el *rigor mortis* o rigidez *post mortem*, que consiste en el endurecimiento de los músculos del cadáver debido a fenómenos bioquímicos que ocurren en el tejido muscular. El *rigor mortis* ocurre después de la flacidez muscular inicial de los *cambios post mortem inmediatos* al dejar de latir el corazón. El *rigor mortis* es seguido a su vez por un segundo tipo de flacidez muscular, que coincide con el inicio de la putrefacción. El *rigor mortis* ocurre de manera progresiva en todos los músculos del cuerpo, incluyendo el músculo del corazón. Se inicia de una a cuatro horas después de la muerte en los músculos más pequeños, como la mandíbula y los párpados, y aproximadamente seis horas después de la muerte en los músculos más grandes. La rigidez se completa aproximadamente en doce horas, durando aproximadamente otras doce horas más. La duración del *rigor mortis* es menor en climas cálidos y se alarga en lugares fríos. Debido a que el *rigor mortis* ocurre en todos los músculos del cuerpo, la rigidez de los músculos erectores del pelo causa el fenómeno de piel de gallina después de la muerte.

Por su parte, los *cambios post mortem tardíos* están dominados por el fenómeno de la descomposición, el cual involucra dos procesos, la autólisis y la putrefacción. La autólisis (del griego *auto,* 'uno mismo', y *lisis,* 'destrucción') es un proceso microscópico en el que las células se autodestruyen de un modo parecido a cuando un trozo de pan se disuelve o deshace al contacto con el agua. Esta destrucción celular de tipo bioquímico es más prominente en el páncreas y otros órganos con una alta concentración de enzimas celulares capaces de digerir los propios tejidos. En comparación, la próstata y el útero no embarazado tardan más tiempo en descomponerse.

Por su parte, la putrefacción se ve favorecida por la proliferación de bacterias, hongos y parásitos en los líquidos producidos por la autólisis celular. A diferencia de los cambios autolíticos que son microscópicos, la putrefacción es un fenómeno visible y evidente, desarrollándose cambios de color de la piel e hinchazón de diversas partes del cuerpo, como la cara, el abdomen, las mamas y el escroto.

La descomposición pasa por diversas etapas, en las cuales los órganos y tejidos, de acuerdo con su estructura íntima, se van desintegrando lentamente, quedando solo los restos óseos, que tardan años o décadas en desintegrarse.

La momificación ocurre cuando los tejidos se secan y es frecuente cuando el cadáver se encuentra en un ambiente cálido y seco. La piel del cadáver se oscurece, se seca y tiene una apariencia parecida al cuero.

Los aspectos biológicos de la muerte humana implican el cese de las funciones vitales, el desmantelamiento de los sistemas corporales y la subsiguiente descomposición del cuerpo físico. Comprender el sentido de estos procesos ayuda a entender la finitud de la vida y la interconexión de los organismos dentro del mundo natural. En este sentido, la muerte es parte del ciclo más amplio de la vida, y que permite el sustento y la renovación de otros organismos.

## NUEVAS FRONTERAS DE LA MUERTE

En los últimos años, se han venido desarrollando algunas iniciativas que retan nuestro entendimiento de la muerte. Destacaremos dos de ellas: la primera, que replantea el concepto de muerte al nivel celular, y el segundo, el congelamiento del cadáver con el sueño de revivirlo algún día.

La ciencia es tan dinámica que recientes experimentos están considerando redefinir lo que hasta ahora se considera muerte, y la están llevando al campo de la vida y la muerte celular.

Investigadores del Departamento de Neurociencias de la Escuela de Medicina de la Universidad de Yale, que habían revivido algunas células cerebrales aisladas en cerdos en 2019, publicaron en 2022 que habían logrado revivir a 100 cerdos que habían muerto una hora antes, muertes que habían sido certificadas con la medición de funciones vitales y la toma de electroencefalogramas y electrocardiogramas.

Una hora después de constatada la muerte de los cerdos, los investigadores transfundieron en una vena de los cadáveres sangre mezclada con una solución especial llamada *OrganEx,* que contiene una forma sintética de la proteína hemoglobina, mezclada con varios otros compuestos y moléculas que ayudan a proteger las células y prevenir la formación de coágulos de sangre.

Seis horas después del tratamiento con OrganEx, el equipo descubrió que ciertas funciones celulares básicas estaban activas en muchas áreas del cuerpo de los cerdos, incluidos el corazón, el hígado y los ríñones, y que algunas funciones de los órganos se habían restaurado. Los cerdos del grupo control, que solo recibieron una transfusión de sangre, no mostraron ninguna actividad funcional en sus células, es decir, permanecieron muertos. El estudio demostró —en opinión de los expertos— que, después de la muerte clínica, las células de los órganos de los mamíferos (incluidos los humanos) no mueren durante muchas horas.

Conscientes de que es muy pronto para que estos experimentos puedan hacerse en seres humanos, los investigadores piensan que, al permitir que los médicos obtengan órganos viables mucho después de la muerte, esta técnica podría ser usada para aumentar la oferta de órganos humanos para trasplantes o para prevenir daños graves en el corazón de un paciente que haya sufrido un infarto cardiaco masivo, o en el cerebro de una persona que haya sufrido un severo derrame cerebral.

Expertos en ética médica afirman que los experimentos plantean importantes preguntas sobre la definición de *muerte,* pues si se acepta que, según el significado actual, esos cerdos estaban muertos, la pregunta crítica es: ¿qué función o funciones celulares aún desconocidas podrían cambiar la definición de *muerte?*

En otras palabras, así como los ventiladores mecánicos —al devolverle la vida al enfermo que había dejado de respirar— cambiaron lo que antes se consideraba muerte, es posible que al devolverle funciones celulares a lo que hasta ahora consideramos un cadáver se revolucione nuevamente el significado de *muerte*.

## ¿PUEDO CONGELAR MI CADÁVER Y REVIVIRLO EN EL FUTURO?

Desde los años setenta en el siglo pasado, algunas compañías están promoviendo la idea de que, si se logra tratar químicamente y congelar el cuerpo de una persona inmediatamente después de que muere, sería posible revivirla en el futuro, cuando se cuenten con tratamientos no disponibles en la actualidad.

Una de las compañías promueve un método por el cual el proceso de criopreservación comienza tan pronto como una persona es declarada legalmente muerta, momento en que, según su teoría, los órganos son aún viables. Actuando de forma rápida, un equipo de criónica que ha estado en espera de la muerte del paciente hasta por una semana lo sumerge inmediatamente a un baño de hielo y reemplaza su sangre con una solución química para preservar órganos. El cadáver así tratado es llevado a las instalaciones de la compañía en donde el equipo inyecta en la sangre del paciente sustancias «crioprotectoras», que —nuevamente, según su teoría— evitan la formación de cristales de hielo que puedan dañar las células. Luego, el cuerpo es enfriado a menos 320,8 grados Fahrenheit (menos 160,4 grados Celsius) y es almacenado en un tanque lleno de nitrógeno líquido.

Según información de la compañía, hasta el momento de escribir este libro, 230 personas están siendo criopreservadas, la más joven una niña tailandesa de dos años que murió de cáncer cerebral en 2015. Otros cadáveres criopreservados incluyen al desarrollador de *software* y pionero de Bitcoin Hal Finney, quien murió con esclerosis lateral amiotrófica (ELA) en 2014, y el miembro del Salón de la Fama del béisbol estadounidense Ted Williams, quien falleció en 2002 por complicaciones de una enfermedad cardíaca. La crioconservación de un cuerpo completo cuesta 200 000 dólares, y si solo se desea preservar el cerebro, el precio es de 80 000 dólares.

Arthur Caplan, que dirige la División de Ética Médica de la Facultad de Medicina Grossman de la Universidad de Nueva York, le dijo a la agencia de noticias Reuters que no conoce de ningún profesional médico serio que respalde esa tecnología, agregando que la noción de congelarnos en el futuro es bastante ingenua y de ciencia ficción, siendo los únicos interesados, dijo, aquellos que se emocionan con estudiar el futuro lejano, o las personas que tienen interés en que alguien pague dinero para hacerlo.

Sin embargo, un estudio publicado por investigadores chinos en la revista *Cell Reports Methods* de mayo de 2024 —y que ha sido catalogado por algunos científicos como un «milagro científico»— asegura haber revivido tejido cerebral que había estado muerto y congelado durante dieciocho meses.

Los científicos usaron organoides cerebrales o tejidos cerebrales derivados de células madre y las preservaron en una solución llamada MEDY (metilcelulosa, etilenglicol, DMSO e Y27632), compuesto que, postulan, es capaz de interferir con la muerte celular programada o apoptosis. Lo remarcable es que, además de trabajar con los organoides cerebrales, los científicos lograron congelar y revivir el tejido cerebral obtenido de una niña de nueve años que sufría de severa epilepsia.

Esta tecnología no solamente da esperanzas de que algún día pueda lograrse el sueño de revivir cuerpos congelados, sino también de congelar tejidos cerebrales humanos para estudiar el desarrollo del cerebro.

Capítulo 3

# La muerte en el siglo XXI: la medicalización de la muerte

Una de las preguntas más incómodas, pero más importantes, que tendríamos que respondernos en la plenitud de nuestras facultades mentales es la siguiente: llegado el caso de que me enfrentase a una enfermedad incurable y terminal, y dependiendo de la complejidad de mis últimos cuidados, ¿en dónde preferiría morir: en mi hogar o en alguna institución hospitalaria?

Esa pregunta tiene relevancia cuando se considera que, gracias a los adelantos científicos del siglo XX, los médicos consideran la muerte como un evento biológico capaz de ser evitado o postergado. Esta actitud —que se ha bautizado como *medicalización de la muerte*—, consecuencia de considerar la muerte como un evento médico susceptible de ser tratado, ha hecho que después de milenios en los que las personas morían en sus casas, ahora la mayoría de las muertes ocurran en los hospitales.

Y si consideramos que en la actualidad, debido a la falta de preparación en las escuelas de Medicina, los profesionales de la salud no son capaces de hablar claramente con sus pacientes y familiares sobre el final de la vida, tenemos que la mayoría de muertes ocurren en hospitales, luego del sufrimiento innecesario de los enfermos y sus familiares.

En este capítulo, veremos cómo ha variado el lugar en donde muere la gente en Estados Unidos y en el mundo, y abordaremos el tema de la *medicalización de la muerte,* un fenómeno que se desarrolló durante el siglo pasado y cuya principal característica es de considerar a la muerte como un evento médico que puede postergarse con los tratamientos. Veremos también cómo se desarrolló la medicina paliativa en respuesta a esa medicalización, y por último los prepararemos para que sepan cómo preguntarle al médico acerca del estado de salud de un enfermo grave con el fin de decidir en donde se desea que ocurra la muerte.

## MUERTE EN EL HOSPITAL O EN LA CASA EN ESTADOS UNIDOS

Debido a la proliferación de hospitales y unidades de cuidados intensivos, durante la segunda mitad del siglo pasado se produjo un fenómeno muy interesante en la sociedad. En su afán de buscar auxilio médico a su agonía, los enfermos con enfermedades crónicas terminales empezaron a acudir a los centros médicos, en donde los médicos los internaban en las unidades de cuidados intensivos, no dudando usar las máquinas de ventilación artificial para salvarles la vida. Esto hizo que el lugar de muerte se traslade de la casa —en donde había ocurrido durante milenios— hacia los hospitales.

En 1910, por ejemplo, según la Oficina Nacional de Investigación Económica de Estados Unidos, solo el 15 % de las muertes ocurría en un hospital u otra institución,

## El lugar de muerte se ha trasladado de la casa —en donde había ocurrido durante milenios— hacia los hospitales.

proporción que aumentó a 55 % en 1940, a 61 % en 1958, y alcanzó su punto más alto con 74 % en 1980. A fines del siglo pasado, entonces, se invirtió la proporción del lugar de muerte de comienzos de siglo. En 1910, 85 % de personas morían en su casa; en 1980, solo el 30 %.

Es recién a fines del siglo pasado y comienzos de este siglo, gracias al desarrollo de los cuidados paliativos y los hospicios, que se empezó a notar un cambio en el lugar en que morían los estadounidenses, observándose que la muerte hospitalaria empezó a descender, y las muertes en el hogar, especialmente de pacientes con cáncer, empezó a aumentar.

Al respecto, un estudio publicado en la *Revista Médica de Nueva Inglaterra* en diciembre de 2019 permitió conocer el lugar de muerte de los estadounidenses en recientes años. En 2003, el 64 % de muertes ocurrieron en una institución, proporción que disminuyó a 51 % en 2017. Por su parte, las muertes en el hogar aumentaron de 24 % en 2003 a 31 % en 2017.

Los jóvenes, las mujeres y las minorías raciales y étnicas tuvieron mayor tendencia a morir en un hospital, mientras que personas mayores, los hombres y los caucásicos, tuvieron mayor tendencia a morir en su casa. Del mismo modo, los pacientes con demencia, enfermedades respiratorias, accidentes cerebrovasculares y enfermedades cardiovasculares tuvieron mayor probabilidad de morir en un hospital o institución, mientras que solo los pacientes con cáncer tuvieron mayor probabilidad de morir en su hogar. Parece que en los últimos años, por el creciente movimiento de los cuidados paliativos en Estados Unidos, el péndulo ha oscilado nuevamente en favor de la muerte en el hogar, en vez de un hospital.

Es importante entender que, en ocasiones, a pesar de que la persona exprese su deseo de morir en su casa, esto no es posible por la complejidad de ciertos tratamientos paliativos, tales como la administración de analgésicos u otros medicamentos endovenosos. En esos casos, el advenimiento de hospicios ha permitido que este sea el lugar de muerte, en vez del hospital o la casa.

## MUERTE EN EL HOSPITAL O EN LA CASA EN EL MUNDO

Por otro lado, un estudio publicado en la revista *BMJ Global Health* de septiembre de 2021 nos da una idea del lugar en el que mueren los habitantes en diversos países en el mundo. Después de analizar los datos sobre el lugar de la muerte en 49 países entre los años 2005 y 2019, se estimó que, en general, el 53 % de las muertes ocurrieron en el hogar, pero que el lugar de muerte está fuertemente determinado por el nivel de desarrollo económico de un país, el cual es un indicador clave del acceso a los servicios de salud.

Así, en los países de ingresos económicos bajos, casi el 80 % de las muertes ocurre en la casa, proporción que disminuye al 60 % en países de medianos ingresos, mientras que, en países de altos ingresos económicos, aproximadamente el 25 % de las muertes ocurren en el domicilio.

Los países con el mayor porcentaje de muertes en el hogar se encuentran principalmente en el sur, este y sudeste de Asia, y África subsahariana, con más del 90 % de muertes domiciliarias en Etiopía, Chad y Sudán del Sur.

Es probable que esa desigual distribución de muertes entre el hogar o el hospital sea consecuencia del acceso a los servicios de salud. Los habitantes de países de bajos recursos económicos, al no tener acceso a un centro de salud para el tratamiento de sus enfermedades, mueren en casa muchas veces sin un claro diagnóstico de su condición. Al revés, en países de altos ingresos económicos, con más facilidades de ser internados en hospitales y unidades de cuidados intensivos, la medicalización de la muerte hace que más personas mueran en instituciones, aunque esta tendencia parece estar revirtiéndose en los últimos años.

En los últimos años, por el creciente movimiento de los cuidados paliativos en Estados Unidos, el péndulo ha oscilado nuevamente en favor de la muerte en el hogar, en vez de un hospital.

## ADELANTOS MÉDICOS QUE DESAFÍAN
## A LA MUERTE

La actitud del ser humano ante la muerte está fuertemente influenciada por las características culturales de la sociedad en que vive, las cuales han ido cambiando a través de la historia. Por eso se dice que la muerte no solo es un proceso biológico, sino también una experiencia psicológica y social que ocurre en un contexto cultural.

Sin embargo, y a pesar de esa variabilidad, es muy probable que todas las sociedades a través de la historia tengan como factor común el reconocimiento de la muerte como un hecho inevitable e irrefutable para el cual no hay escapatoria posible. «Todo tiene solución, menos la muerte» reza el antiguo dicho.

Pero aceptar la muerte no ha impedido que el ser humano sueñe, a través de la mitología y la intervención de los dioses, que pudieran existir también seres humanos inmortales. En otras palabras, ante lo inevitable de la muerte, el ser humano siempre ha soñado prolongar su vida.

Gracias a los adelantos de la medicina, el ser humano ha ido posponiendo la muerte, haciendo que su sueño empiece a hacerse realidad. Primero fue el desarrollo tecnológico y científico de los hospitales, que se convirtieron en las catedrales de la medicina a comienzos del siglo pasado. Allí, los profesionales de la salud, aprovechando el veloz desarrollo de la ciencia del siglo XX, eran capaces de brindar tratamientos especializados que posponían la muerte de sus pacientes.

En ese contexto, ocurrió el desarrollo de los antibióticos en los años cuarenta, lo cual permitió que enfermos con infecciones muy graves, que hasta ese momento eran letales, pudieran recuperarse de manera milagrosa.

Pero es muy probable que la gran revolución en posponer la muerte se haya producido a partir de diciembre de 1953, momento en el que el Dr. Bjørn Ibsen estableció la primera unidad de cuidados intensivos en el hospital Blegdam de Copenhague. Ese servicio fue creado como una necesidad luego de la devastadora epidemia de poliomielitis de Copenhague de 1952, en la que cientos de enfermos desarrollaron graves casos de insuficiencia respiratoria por el ataque del virus a sus cerebros.

Ante eso, y al ver que más de trescientos pacientes con polio, afectados de parálisis de sus músculos respiratorios necesitaron ayuda para respirar durante varias semanas, más de mil estudiantes de medicina y odontología fueron empleados para que, usando bolsas de aire, ventilasen manualmente noche y día los pulmones de esos pacientes, dando tiempo a su recuperación espontánea. En un milagro de la medicina, y gracias a esas unidades de cuidados intensivos y al incansable esfuerzo de los voluntarios, cientos de enfermos condenados a muerte pudieron evitarla.

---

**Lamentablemente, las unidades de cuidados intensivos también no hacían sino prolongar la vida de muchos enfermos que no tenían ninguna posibilidad de recuperación.**

Por ello resultó enormemente significativo el invento de las máquinas de ventilación artificial hecho por el médico estadounidense Forrest Bird en 1958. Ese invento permitió por primera vez en la historia de la medicina prolongar la vida de una persona que había dejado de respirar y que estaba por tanto a las puertas de la muerte. Ya no había necesidad de ventilar manualmente al enfermo que no podía respirar, ahora una máquina podía hacerlo y la muerte podía posponerse por tiempo ilimitado.

Poco a poco, durante los años sesenta y setenta, las unidades de cuidados intensivos empezaron a proliferar en los hospitales del mundo entero, haciendo posible que se salvase la vida de muchas personas, pero que lamentablemente también no hacían sino prolongar la vida de muchos enfermos que no tenían ninguna posibilidad de recuperación.

## LA MUERTE COMO ENEMIGA DE LA MEDICINA

El enorme avance de los adelantos científicos logrados durante el siglo XX permitió posponer la muerte de pacientes que antes fallecían de sus dolencias y así salvar millones de vidas. Tan enorme beneficio ocasionó sin embargo un efecto inesperado. La educación médica en las escuelas de

---

**Los médicos se formaron pensando que el principal objetivo de su trabajo era prolongar la vida de sus pacientes.**

Medicina durante la segunda mitad del siglo XX puso un énfasis desmedido en enseñar que el principal objetivo de la medicina era mantener con vida a los pacientes. Bajo ese precepto, la muerte se convirtió en el enemigo del trabajo del médico, quien —a toda costa— tenía que hacer lo posible para que su paciente siga viviendo, sin importar que en el camino se mantuviera a pacientes en máquinas de ventilación mecánica durante semanas o meses: lo importante era mantenerlos vivos.

Los médicos se formaron pensando que el principal objetivo de su trabajo era prolongar la vida de sus pacientes, no importando si, en ese afán, la calidad de vida del enfermo sufría un grave menoscabo. De esta manera surge la *medicalización de la muerte.*

Esa fue mi experiencia en la escuela de Medicina y en la residencia de Oncología, en donde mis enseñanzas pusieron énfasis en los tratamientos de las enfermedades, incluso de aquellas que eran incurables, como muchos cánceres avanzados. El asunto era tratar y tratar las enfermedades, y que, si los pacientes no respondían y se ponían graves, estaban las salas de hospitalización y las unidades de cuidados intensivos para ayudar a vivir a los pacientes por el tiempo que fuera necesario.

Ese énfasis en formar médicos concentrados enteramente en el tratamiento incesante de las enfermedades hizo que las facultades de Medicina descuidasen el adiestramiento de sus alumnos en prepararlos para que acepten y afronten un hecho inevitable que iba a ocurrir tarde o temprano: la muerte de sus pacientes.

Recuerdo mucho mis rotaciones en las unidades de cuidados intensivos durante mi formación médica en Perú y Estados Unidos durante los años ochenta y noventa. Cuántas veces los médicos sabíamos bien que los pacientes eran irrecuperables, pero no sabíamos comunicarle a la familia el sombrío pronóstico de sus seres queridos.

El resultado de esa deficiencia en comunicarles la verdad a los familiares de nuestros pacientes era que estos tampoco preguntaban sobre el verdadero estado de gravedad de la enfermedad ni mucho menos sobre la posibilidad de que pudieran morir. La familia estaba siempre exigiendo que se haga más y más para mantener el estado de vida artificial que tenían sus familiares, y los médicos estábamos haciendo más y más para prolongar la vida del enfermo con fútiles procedimientos.

En consecuencia, cuando la inevitable muerte llegaba, los médicos dábamos explicaciones muy superficiales o simplemente evitábamos entrar en contacto con los familiares, quienes expresaban su frustración con los médicos porque no habían podido salvar la vida de su ser querido.

Como se puede ver, esta historia de falta de comunicación nos persigue hasta la actualidad. Por un lado, los médicos no están suficientemente preparados para aceptar el estado terminal de sus pacientes y comunicar la verdad —incluyendo la opción de la muerte— a la familia. Por otro lado, los familiares son alimentados con información superficial y viven en un estado de falsa esperanza con lo que podría sucederle a su ser querido.

Todo esa trágica situación se evitaría si los médicos estuvieran preparados para ser sinceros con la familia desde el inicio, exponiendo claramente las limitaciones de la medicina en salvar la vida de sus familiares. El problema es que tocar esos temas nos hubiera mostrado como médicos débiles e incapaces que estaban fallando a la misión fundamental de prolongar la vida de sus pacientes a toda costa.

Al respecto, los datos confirman que la mayoría de los médicos se sienten mal preparados para abordar las conversaciones sobre el final de la vida. Un estudio de 2014, por ejemplo, publicado en *Palliative Supportive Care,* informó que más de la mitad de los médicos generales delegaron las conversaciones sobre la muerte de sus propios pacientes a los médicos de los servicios de emergencias. En otras palabras, la mayoría de los médicos generales abandonan a sus pacientes en el momento más importante del cuidado médico: la proximidad de la muerte. Otro estudio, de 2016, mostró que el 88 % de los residentes de Medicina dijeron tener poca o ninguna capacitación sobre cuidados del final de la vida durante su formación médica.

Pero en los últimos años ese paradigma está cambiando. Las escuelas de Medicina están empezando a incluir cursos sobre el final de la vida y medicina paliativa, propiciando la rotación de sus estudiantes en hospicios y casas de envejecientes.

Algunas escuelas, además de instrucción sobre cuidados paliativos y detalles sobre el final de la vida, están enseñándoles a sus alumnos a comunicarse con sus pacientes y familiares sobre el impacto del deterioro de la salud. Otras

**Este panorama está cambiando. Las escuelas de Medicina están empezando a incluir cursos sobre el final de la vida y medicina paliativa.**

escuelas les enseñan a compartir información, responder con empatía y profundizar en los valores de los pacientes, diseñando planes de tratamiento que coincidan con los objetivos de los pacientes y sus familias.

En muchos centros académicos, alumnos del último año de Medicina y residentes de Medicina Intensiva tienen cursos obligatorios en los que observan y aprenden sobre cómo los pacientes, sus cuidadores y médicos toman decisiones sobre el final de la vida. De esta manera, los médicos jóvenes están aprendiendo a ser cautos con las medidas extremas para prolongar la vida de sus enfermos y a hablar sobre ese espinoso tema con sus pacientes y familiares, entendiendo por fin que la muerte es un proceso natural imposible de detener. Es decir, en vez de ver a la muerte como una derrota profesional, los médicos jóvenes están entendiendo que la muerte de un paciente puede ser tomada como una humilde oportunidad de crecimiento profesional.

Al respecto, un estudio ha demostrado que los oncólogos que saben cómo lidiar con los problemas relacionados al final de la vida de sus pacientes con cáncer brindan una mejor atención a sus pacientes moribundos que aquellos que no lo saben. El estudio concluye que al reconocer que sus responsabilidades profesionales y morales van más allá de preservar la vida e incluyen ayudar a las personas cuya vida está llegando a su fin, los médicos están contribuyendo a que los últimos días, semanas y meses de sus enfermos con cáncer sean lo más cómodos, satisfactorios y significativos posible.

## MEDICINA PALIATIVA COMO REACCIÓN A LA MEDICALIZACIÓN DE LA MUERTE

La poca preparación de médicos y otros profesionales de la salud para afrontar el cuidado de los enfermos en las etapas terminales de la enfermedad empezó a ser mucho más obvia con la proliferación de hospitales durante la primera mitad del siglo pasado. Los pacientes no eran acompañados por sus médicos y cuidadores durante los últimos días de su vida, y morían en diversos grados de abandono.

Eso fue lo que notó la Dra. Cicely Sounders, creadora de la medicina paliativa, quien, en 2001, escribió en una publicación sobre la historia de la medicina paliativa lo siguiente: «El desarrollo en la segunda mitad del siglo XX de nuevas tecnologías y tratamientos específicos eficaces para las enfermedades dejó muchos sufrimientos sin abordar», y agregó: «¿Qué debemos hacer los médicos cuando ya no es posible ninguna cura de la enfermedad y el fin de la vida es inevitable?».

El resultado de esa reflexión y de esa pregunta fue la fundación del primer hospicio para moribundos en Inglaterra en 1958, y posteriormente, la creación de la medicina paliativa, una especialidad médica que nació con el objetivo

## La Dra. Sounders abogó por la formación de equipos que se aboquen a lo que ella llamó el alivio del «dolor total» de una persona moribunda.

inicial de cuidar de la persona en el trance de morir, pero que poco a poco fue ampliando su acción para incluir el cuidado de los síntomas de una persona desde el diagnóstico inicial de una seria enfermedad.

La Dra. Sounders abogó por la formación de equipos compuestos por profesionales de diversas especialidades para que se aboquen a lo que ella llamó el alivio del «dolor total» de una persona moribunda, que incluye no solo los síntomas físicos sino también la angustia mental y los problemas sociales o espirituales del enfermo, incluyendo el dolor de la familia, devastada por angustia física, psicológica, social y espiritual.

En la antigua Roma, el *pallium* era una prenda rectangular de lana, usada por las mujeres como prenda de vestir y que, a modo de manto, les cubría todo el cuerpo. En 1974, el Dr. Balfour Mount, cirujano oncólogo del Royal Victoria Hospital de la Universidad McGill en Montreal, Canadá, inspirado por el significado del *pallium,* acuñó el término *cuidados paliativos,* el que incluía la atención integral de personas con enfermedades crónicas o que le limitan la vida y a sus familias.

En la actualidad, y desde 2006, la subespecialidad de Hospicio y Medicina Paliativa es reconocida por la Junta

Estadounidense de Especialidades Médicas (ABMS) y el Consejo de Acreditación de Educación Médica de Graduados, existiendo la Academia Estadounidense de Hospicio y Medicina Paliativa, que tiene más de 5200 miembros, con 986 miembros en 119 países.

La creación de la medicina paliativa representa un hito en la larga lucha por hacer que los últimos días de vida de los enfermos terminales sean vividos con calidad, los términos dictados por el paciente y sus familias, corrigiendo los errores del pasado, en el que cuando todos los tratamientos fallaban, los médicos dejaban inhumanamente a la deriva a pacientes y familiares.

El concepto moderno de la medicina paliativa es que sus especialistas no solo deben estar involucrados en el cuidado del paciente en su etapa terminal, sino que deben estar también involucrados desde mucho antes de ese momento. El conocer al paciente y su familia les permitirá brindar un tratamiento paliativo mucho mas humano y personalizado.

## ¿CÓMO PREGUNTARLE AL MÉDICO SOBRE EL ESTADO REAL DE UN PACIENTE?

Dada la poca preparación de los médicos para abordar conversaciones sobre el final de la vida, es importante que, como personas interesadas por la salud de nuestros seres queridos, seamos la familia quienes tengamos que iniciar ese tipo de conversaciones, sobre todo cuando nos parece que nuestro familiar no está mejorando, y que, al revés, parece empeorar cada día y, por tanto, sea momento de involucrar los cuidados finales de un especialista en medicina paliativa.

A continuación, sugerimos algunas preguntas que no solo servirán para aclarar la situación actual del paciente, sino que tal vez sean útiles para ayudarnos en la planificación de los cuidados del final de la vida.

- **«¿Cuál es el pronóstico de la enfermedad de mi familiar?».**
  Esperamos con esta pregunta que el médico nos diga con claridad que el pronóstico no es bueno, y que se ha llegado a la fase final de la enfermedad.

- **«¿Cuál es el objetivo del tratamiento que está recibiendo mi familiar, es curativo o solamente paliativo?».**
  La idea es saber con certeza si los tratamientos médicos ya no tienen la posibilidad de curar al paciente y si, al insistir con ellos, solo se afectaría la calidad de vida del enfermo. Es decir, que el remedio sería peor que la enfermedad.

- **«¿Cuál es su proyección de cuánto tiempo más vivirá mi familiar con los medicamentos que ahora está recibiendo?».**

Responder a pregunta es difícil y requiere gran experiencia de parte del médico tratante. Muchas veces es complejo establecer un tiempo exacto en la expectativa de vida, pero un médico experimentado podría darnos una idea muy aproximada acerca del tiempo de sobrevida.

· **«¿Cuáles son los mejores y peores resultados que ha visto con este tratamiento?»**.
Para esta pregunta es importante un médico con experiencia que haya tratado muchos pacientes con la misma enfermedad.

· **«¿Ha considerado usted suspender el tratamiento que está recibiendo mi familiar? Y si eso sucede, ¿cuánto tiempo más podría vivir?»**.
Esta pregunta es fundamental y dada la extendida práctica de medicalización de la muerte, con frecuencia los médicos no desean aceptar la posibilidad de que ya no hay nada que puedan ofrecer y caen en el encarnizamiento terapéutico, en el que siempre están dispuestos a sugerir un tratamiento, a pesar de que no haya fundamentos científicos de que puedan ser útiles. La creencia de los médicos es que «siempre hay algo hay que dar», olvidándose del antiguo precepto atribuido a Hipócrates: «El médico debe curar a veces, aliviar con frecuencia, pero consolar siempre».

- **«¿Qué tipos de síntomas y problemas podría experimentar mi familiar a medida que avanza su enfermedad?».**

  Con esta pregunta podremos reconocer si se está entrando a la fase final de la enfermedad, de modo que podamos coordinar con los especialistas en medicina paliativa sobre el cuidado de la etapa final de la enfermedad; si se puede hacer en el hogar, este es para muchos el lugar ideal para morir.

Capítulo 4

# Cómo prepararse
# para la muerte

En el prólogo de *El libro tibetano de la vida y de la muerte* de Sogyal Rimpoché, el Dalai Lama escribió: «Cuando nacemos, todos nos hallamos desvalidos e impotentes, y sin el cuidado y el afecto que recibimos entonces no habríamos sobrevivido. Puesto que los moribundos son igualmente incapaces de valerse por sí mismos, deberíamos aliviar su malestar y su angustia y asistirlos en la medida de lo posible para que mueran con serenidad».

La primera parte de esa reflexión la vemos todos los días en todas partes. Los bebés recién nacidos son bienvenidos y ayudados a sobrevivir, y, en ausencia de los padres, son los familiares o la sociedad la que ayuda a que ese niño pueda desarrollarse. Lamentablemente, la segunda parte de la reflexión no se ve tan comúnmente. Cuando una persona se encuentra en el trance de morir, suele ser dejada sola por la familia y los amigos, quienes excusándose por «lo difícil del momento» o «el derecho a la privacidad» del moribundo, lo privan de una compañía que pueda calmar su ansiedad.

Esa actitud, que muchos perciben como un acto de defensa natural, está determinada por normas sociales que han ido cambiando a través de la historia, pues, como vimos en el primer capítulo, durante la Edad Media la sociedad aceptaba la muerte de un ser querido y se preparaba para ella. La persona en el trance de morir presidía personalmente las ceremonias religiosas relacionadas con su muerte y permitía que sus amigos, familiares y sacerdotes la acompañen en sus últimos momentos. En ese contexto, la muerte era percibida como un acontecimiento natural, un evento público, en el que a los cónyuges, hijos, amigos y familiares, incluyendo niños, se les permitía que visitaran y se despidieran de la persona que estaba muriendo.

En nuestra sociedad actual, a pesar de que todos tenemos certeza de que vamos a morir y que lo incierto es cuándo, dónde y cómo sucederá, la muerte nos causa tanto temor y rechazo que la evitamos a toda costa, incluso cuando ya es inminente, lo cual nos impide darle al moribundo una buena muerte.

En este capítulo veremos cómo podemos ayudar a un ser querido aquejado de una enfermedad crónica terminal a enfrentar la muerte con dignidad y control de la situación. Nuestra intención es que ese aprendizaje nos sirva a cada uno de nosotros cuando tengamos que enfrentarnos a la misma situación.

## ¿QUÉ ES LA BUENA MUERTE?

La muerte de un ser humano es un acto muy complejo y, sin duda, no existe una manera «correcta» de morir. Aun así, el término *buena muerte* empezó a usarse en los años sesenta en los círculos académicos relacionados con el cuidado paliativo y, en su sentido más amplio, se circunscribió a las circunstancias y al significado de tener una muerte natural plena. También conocido como «muerte en paz», «muerte apropiada», «muerte deseada» o «muerte digna», el concepto de la buena muerte ha sido objeto de abundante investigación científica para tratar de definirlo.

Estudios iniciales consideraban que la buena muerte podía conseguirse cuando el moribundo lograba cuatro elementos fundamentales: tener conciencia de que está muriendo, saber prepararse para la muerte, ir abandonando sus roles y responsabilidades diarias, y tener la oportunidad de despedirse de sus seres queridos.

Sin embargo, estos estudios se centraron en obtener la opinión de los profesionales de la salud que cuidaban de los moribundos y no de los moribundos mismos. En otras palabras, se carecía de la opinión de las personas más interesadas en definir lo que realmente significaba una buena muerte. Para cambiar esta situación, surgieron nuevos estudios, entre los que destaca el publicado en los *Anales de Medicina Interna* en mayo de 2000.

## LOS SEIS ELEMENTOS DE UNA BUENA MUERTE

En su estudio, los autores concluyen que existen seis elementos centrales para que un paciente en trance de morir considere que va a tener una buena muerte: que tenga un pleno control del dolor y de otros síntomas que lo aquejan, que tenga la capacidad mental para tomar decisiones claras durante el proceso de la muerte, que tenga la capacidad para «cerrar su existencia» expresando claramente sus

sentimientos, que sea percibido por familiares y cuidadores como una persona digna de respeto y consideración,
que tenga la oportunidad y capacidad de prepararse para la
muerte y, por último, que al final de su vida tenga la capacidad de poder contribuir con los demás.

Veamos con más detalle cada uno de esos seis importantes elementos, tan valorados por las personas en trance de morir.

- Tener un pleno control del dolor y otros síntomas
  que lo aquejan es probablemente el elemento más
  requerido por las personas. No hay temor más gran-
  de para cualquiera de nosotros que morir sufriendo
  cruentos dolores, y que nuestros médicos no hagan
  lo suficiente para calmarlos. Este es el dominio de
  los especialistas en medicina paliativa, que deben ser
  siempre consultados para poder tratar los síntomas
  que afecten la vida del moribundo. No existe dolor
  tan intenso que no pueda ser calmado con los medicamentos disponibles. Una persona en trance de
  morir debe estar libre de síntomas que aumenten su
  angustia.
- Tener la capacidad mental para tomar decisiones claras durante el proceso de la muerte es también fundamental. Mientras exista conciencia y capacidad
  de expresión, la persona en trance de morir debe
  ser escuchada y sus deseos y direcciones cumplidos
  a cabalidad. En este sentido, la cultura en la que se
  vive tiene una enorme influencia en este elemento.

Sociedades individualistas (Estados Unidos, Canadá, Reino Unido y otros) esperan, valoran y respetan las decisiones del individuo en trance de morir, mientras que en sociedades colectivistas (Asia, América Latina, África) el individuo exhibe una actitud más pasiva, menos individualista y se deja llevar por las decisiones de sus cuidadores y familiares. Es importante también entender que este elemento ha ido variando en los últimos años, observándose que las nuevas generaciones tienden a tener una actitud más individualista que colectivista.

- Tener la capacidad de «cerrar la existencia» expresando claramente sus sentimientos es un concepto muy importante para una persona en trance de morir. Recuerdo a mi madre, quien, ya sabiendo que iba a morir, repetía frecuentemente que ella se estaba yendo tranquila de este mundo sabiendo que, gracias a su esfuerzo y dedicación (ella había quedado viuda muy joven), sus hijos tenían sus vidas logradas y estables. Sentía también mucha tranquilidad de que se estaba yendo en paz con Dios y que estaba segura de que «en la otra vida» se iba a encontrar con su esposo. «¿Qué más puedo pedir?», repetía. Sin duda, con esas expresiones ella estaba cerrando su existencia en paz.

- Ser percibido por familiares y cuidadores como una persona digna de respeto y consideración significa que las opiniones y pedidos de la persona en trance de morir sean escuchados y tomados en cuenta, y que no sea vista como la «portadora» de una enfermedad que le está causando la muerte, sino como una persona con nombre, apellido y entendimiento que está en el trance de morir. El presente relato de un médico que atendía a un enfermo terminal, extraído de un estudio publicado sobre el tema, ayuda a ilustrar gráficamente este importante elemento: «El último día que lo vi en la sala de emergencia, me miró con sus ojos errantes y sin aliento, y yo me incliné sobre él y le acaricié el pelo. Me miró y dijo: "¿Cómo está tu nueva casa?", y le dije: "En realidad no me he mudado todavía". Y él me respondió: "Asegúrate de decorarla bien"». El médico resaltó que, a pesar de que su paciente estaba muriendo, tuvo un intercambio muy personal con él, no como un médico, sino como una persona.

• Tener la oportunidad y capacidad de prepararse para la muerte es un elemento clave en este proceso. Lamentablemente, este importante elemento es muchas veces evitado por la familia e incluso por el propio enfermo. En ese sentido ocurre que cuando el enfermo expresa sus sentimientos de estarse aproximando a la muerte, los familiares le reprochan que esté «pensando en esas cosas» y que «eso está muy lejos todavía». Lo correcto es escuchar los deseos de la persona, quien, en su deseo de ser considerada con respeto y consideración, dispondrá sus últimos deseos. En este punto permítanme regresar a la muerte de mi madre, quien, en los meses previos a su deceso, dictó su testamento, asegurándose además, a través de múltiples conversaciones, que sus últimas consignas fueran cumplidas.

- Por último, que la persona que está muriendo tenga la capacidad de poder contribuir con los demás está muy relacionado con el «cerrar la existencia» previamente descrito. No solo a través de la disposición de objetos materiales (muchas donaciones filantrópicas se hacen en esta etapa), sino de palabras reconfortantes o lecciones de vida, la persona en el trance de morir tiene mucho que contribuir en sus últimos días y debe ser escuchada y de ninguna manera reprimida. Es muy frecuente que las personas en trance de morir brinden consejos de vida a sus hijos, nietos e incluso a sus amigos.

Indudablemente, la presencia e importancia de esos seis elementos varían de persona a persona. Se ha encontrado que factores como la cultura, las cuestiones financieras, la religión, el tipo de enfermedad, la edad del moribundo y las circunstancias de la vida determinan cuáles factores son más importantes que otros.

**El concepto de una buena muerte está también influenciado por las condiciones económicas de la persona y la sociedad en que vive.**

## CONTEXTO SOCIAL DE LA MUERTE

El impacto de la cultura —definida como el conjunto de patrones de comportamiento aprendidos en una sociedad— es muy poderoso en esta etapa. En general, como ya lo mencionamos, existen dos tipos de sociedades: las individualistas —en las que los valores del individuo priman sobre los de la familia y el grupo—, y las colectivistas —en las que los valores de la familia y el grupo priman sobre la del individuo—.

Al respecto, en sociedades en donde se valora el individualismo, como Estados Unidos, Reino Unido y Canadá, la autonomía y la independencia de la persona para decidir los detalles de sus últimos días de vida son fundamentales para una buena muerte. Lo opuesto se ha demostrado en culturas colectivistas, en las que la opinión familiar o incluso de los médicos tratantes tiene tanto o más peso que la opinión del individuo. Por ejemplo, en Japón, la práctica del *Omakase,* que significa confiar ciegamente en las decisiones del médico, es la norma cultural predominante.

El concepto de una buena muerte está también influenciado por las condiciones económicas de la persona y la sociedad en que vive. En sociedades afluentes, en donde el cuidado médico es más asequible y sofisticado, el objetivo de una buena muerte se centra en aspectos psicológicos y sociales del moribundo, mientras que, en sociedades de escasos recursos económicos, la preocupación de una buena muerte se concentra en el deseo de conseguir un cuidado médico mínimo, especialmente medicinas para el dolor. Por supuesto, la religión del moribundo y su familia tienen también una extraordinaria influencia en lo que se considera una buena muerte, las que influyen en temas que van desde la aceptación de ciertos tratamientos, hasta las conversaciones sobre el fin de la vida.

Del mismo modo, el tipo de enfermedad que lleva a la muerte al individuo es determinante para evaluar la trayectoria e importancia de los seis elementos de una buena muerte. En general, pacientes con un tipo de cáncer que permite una sobrevida relativamente larga, pueden transitar las seis etapas de una manera balanceada. Otros pacientes, con un cáncer más agresivo y de corta sobrevida, como de pulmón o de páncreas, concentran sus últimos deseos en morir durante el sueño y sin dolor.

La edad del moribundo es otro punto importante, pues se ha visto que los pacientes nonagenarios, por ejemplo, le otorgan un gran valor a tener autonomía y respeto a su persona para una muerte digna.

Cada muerte ocurre en un contexto individual, familiar y social determinado y aunque en todo o en parte los seis elementos centrales comunes pueden estar presentes, la buena muerte de un paciente es siempre individual y única.

## ¿CÓMO CONOCER LOS DESEOS DE UN ENFERMO TERMINAL?

Las causas de muerte de los seres humanos han cambiado mucho en los últimos cien años. Se ha pasado de que los accidentes y enfermedades infecciosas fueran las principales causas de muerte en siglos pasados, a que, en los últimos siete u ocho décadas, las enfermedades crónicas encabecen las listas de causa de muerte en el mundo, especialmente en los países de altos y medianos ingresos económicos.

Tan recientemente como en 1990, una de cada dos muertes en todo el mundo era causada por una enfermedad crónica, pero para el año 2015 esa proporción aumentó a dos de cada tres. La mayoría de las muertes en países de altos ingresos económicos se producen tras años de lucha contra una enfermedad crónica como la diabetes, el cáncer, alguna enfermedad del corazón o una enfermedad autoinmune.

Como se mencionó anteriormente, debido al fenómeno de la medicalización de la muerte, por el cual los médicos están convencidos de que «siempre hay algo que ofrecerle» a su paciente para que no muera, los pacientes reciben múltiples tratamientos debilitantes en sus últimos días. Por ejemplo, casi un tercio de los estadounidenses que mueren después de los 65 años han estado internados en una unidad de cuidados intensivos en sus últimos tres meses de vida, y casi uno de cada cinco ha tenido algún tipo de cirugía en su último mes de vida.

Lo ideal sería que, cuando el paciente se acerca al final de la vida, los médicos puedan conversar franca y directamente con él y con sus familiares para comunicarles que la ciencia ya no tiene tratamientos efectivos para curar la enfermedad, y que es momento de empezar a planificar la muerte.

Pero eso es difícil que ocurra debido a que ni los pacientes, ni los familiares ni los médicos saben cómo iniciar esa importante conversación. El resultado es que el paciente muere sin muchas veces conocer el estado real de su enfermedad y sin que se conozcan sus verdaderos deseos al final de su vida, y a la vez ocasiona que algunas familias reaccionen con frustración y piensen que los médicos no hicieron lo suficiente.

En ese contexto, el médico estadounidense Atul Gawande, fundador de Ariadne Labs en Boston, en alianza con The Conversation Project, desarrolló una guía muy útil para ayudar a las personas con una grave enfermedad a prepararse para hablar con sus médicos sobre lo que es más importante para ellos al final de su vida.

La guía se titula *Lo que importa para mí. Una guía para el uso de personas viviendo con una enfermedad grave* (*What Matters to Me. A workbook for People with Serious Illness*) y ha sido usada por cientos de miles de personas y profesionales de la salud en el mundo. A continuación, haremos una descripción de su contenido. Para quienes deseen acceder la versión original (en español e inglés) e imprimirla para su uso, deben visitar www. ariadnelabs.org. El cuestionario completo está incluido en este libro como un apéndice.

## GUÍA PARA EL USO DE PERSONAS VIVIENDO CON UNA ENFERMEDAD GRAVE

Es importante aclarar que el objetivo de la guía no es sugerirle al enfermo tratamientos médicos específicos, tales como algún tipo de medicamento o cirugía, sino, más bien, ayudarlo a pensar en las cosas que más le importan al transitar los últimos meses o años de su grave enfermedad. Una vez identificadas, esas preocupaciones y preferencias deben ser compartidas con el equipo de atención médica para recibir el tipo de atención más adecuado para su caso.

La guía debe ser completada personalmente por el enfermo, quien puede recibir ayuda de algún familiar o amigo. Debe tomarse todo el tiempo necesario para terminarlo; no es necesario que responda a todas las preguntas el mismo día, y puede retroceder y revisar sus respuestas si desea cambiarlas.

Luego de haber respondido el cuestionario completo, el enfermo debe compartir sus respuestas y discutir sus deseos con sus médicos, enfermeras y otros cuidadores. El haber completado el cuestionario le permitirá estar preparado para, en cualquier momento, comunicar cuáles son las preocupaciones más importantes sobre su enfermedad.

La guía tiene cinco secciones generales, que incluye información sobre:

- **Mi salud.** Cuánto se sabe y cuánto se desea conocer sobre el verdadero estado de la enfermedad.
- **Mi persona.** Detalles de la calidad de vida que se desea tener cuando la enfermedad se agrave.
- **Mi atención médica.** Tipo de cuidado e intervenciones médicas que desearía o no recibir cuando la enfermedad empeore.
- **Mis personas.** Identifica a las personas más importantes para el paciente, para que puedan ayudar a los médicos, cuando el enfermo no pueda comunicarse.

- **Mi equipo de atención médica.** Datos generales sobre quiénes integran el equipo de profesionales de la salud que lo cuidan.

Repasaremos ahora las preguntas que se hacen en cada una de estas secciones, empezando por la sección *Mi salud:*

- **«¿Qué sabe usted de su salud actual?».** Muchos enfermos no saben exactamente la condición que los afecta y tienen una idea vaga de su diagnóstico médico. Preguntados acerca de su salud actual, algunos enfermos pueden simplemente responder «Me han dicho que tengo algo en el hígado o en el corazón» y no parecen conocer detalles fundamentales de su enfermedad. Está bien si el paciente no desea conocer los detalles de su diagnóstico; para eso precisamente se plantea dicha pregunta: para conocer sus deseos de información.

- **«¿Cuánta información sobre lo que podría sucederle respecto de su salud quisiera que le brindara su equipo de atención médica?».** Algunos pacientes desean conocer en detalle cuáles son las posibles complicaciones que se puedan presentar cuando la enfermedad empeore, mientras que otros prefieren no saberlas y enfrentar los problemas cuando se presenten. Más del 85 % de los pacientes con cáncer solicitan detalles o explicaciones de lo que pueda venir después de recibir el pronóstico de su enfermedad. Específicamente, la mayoría desea saber los síntomas que vendrán, las opciones de tratamiento y su esperanza de vida.

En *Mi persona,* la segunda sección de la guía, se trata de averiguar —en palabras del propio enfermo— cuáles son las vivencias del día (en términos de calidad de vida) que hacen que la persona considere que sus días son buenos o malos. En otras palabras, si es que síntomas como el dolor, las náuseas o la falta de apetito, o situaciones como el no tener ayuda, no poder caminar bien o no poder comunicarse, afectan su día y lo arruinan, o si, al revés, tener acceso a ciertos alimentos o distracciones o estar acompañado de una mascota le iluminan el día.

Cuando la enfermedad progrese y se empeore, los familiares y cuidadores del enfermo podrán hacer lo posible para que esos elementos estén presentes o ausentes. Esta sección tiene tres preguntas abiertas, en las que la persona debe escribir sus respuestas.

- **Mis días buenos.** ¿Cómo es un buen día para usted? Estas son algunas de las cosas que me gusta hacer cuando tengo un buen día:

_____

_____

_____

_____

- **Mis días difíciles.** ¿Cómo es un día difícil para usted? Estas son las cosas más difíciles con las que tengo que lidiar cuando tengo un día difícil:

_____

_____

_____

_____

_____

- **Mis necesidades básicas.** ¿Cuáles son sus necesidades básicas más importantes que desearía mantener si su estado de salud empeora? Estas son algunas de las cosas mas importantes que me gustaría mantener en el futuro:

_____

_____

_____

_____

_____

En *Mi atención médica,* se busca conocer el nivel de detalle que se desea tener acerca de la enfermedad, el grado de participación que se desea tener en la toma de decisiones sobre los tratamientos que se vayan a necesitar, las preferencias

## Las preocupaciones y preferencias del paciente deben ser compartidas con el equipo médico para que reciba el tipo de atención más adecuado.

relacionadas con la agresividad de los tratamientos que se desean recibir cuando la enfermedad empeore y el lugar en dónde se quisiera estar cuando la enfermedad progrese. Además, se pregunta también quiénes son las personas que deben ser informadas (y el detalle de información que deben recibir) sobre el estado de salud del enfermo cuando la enfermedad empeore. Estas preguntas se presentan como una selección múltiple, donde se debe seleccionar un punto entre los dos extremos sugeridos en cada pregunta. Por ejemplo, ante la pregunta «Como paciente, me gustaría saber...», el enfermo puede escoger una opción en una escala del 1 al 5 donde 1 es «Solo la información básica sobre mi enfermedad y mi tratamiento» y 5 es «Todos los detalles sobre mi enfermedad y mi tratamiento».

Esta tercera sección explora también los temores y preocupaciones más importantes del paciente con respecto al futuro, averiguándose cuáles son las fuentes de fortaleza que lo animan en tiempos difíciles y cuáles son las capacidades fundamentales, es decir, aquellas cosas imprescindibles para mantener la calidad de vida y sin las cuales la persona no se puede imaginar vivir y, por tanto, deben ser conservadas hasta el final de la vida. Por ejemplo, una posible respuesta a la pregunta sobre lo que más le preocupa con respecto al futuro de su salud podría ser: «Estoy preocupado de que no obtenga el cuidado de salud que quisiera, no quiero sentirme atrapado en un lugar donde nadie venga a visitarme, me preocupo sobre el costo económico de mi cuidado médico...».

Por último, se pregunta sobre los deseos y preferencias relacionados con la intensidad de los tratamientos médicos que el enfermo desearía o no recibir cuando la enfermedad empeore. En esta sección puede especificar lo que sí le gustaría que suceda en caso de que su enfermedad empeore y lo que no, como por ejemplo «quiero ser más independiente y regresar a casa» o «no quiero ser una carga para mi familia, no quiero estar solo ni terminar en una UCI», entre otras posibles respuestas.

Es importante también que el enfermo detalle todas las preguntas que le gustaría hacer a su equipo de atención médica, como podrían ser las siguientes: «¿Cómo trabajará conmigo en los próximos meses?», «¿Cuáles son las opciones de tratamiento disponibles para mí en este momento y cuál es la posibilidad de que funcionen?», «¿Qué puedo esperar si decido no seguir con el tratamiento recomendado?», «¿Si llegara a empeorarme, qué puede hacer usted para ayudarme a sentir cómodo?», «¿Cuáles son los mejores y peores escenarios en relación con mi enfermedad?».

En la siguiente sección, *Mis personas,* se pregunta sobre quiénes son las personas clave (familiares, amigos, líderes espirituales, etc.) que se involucrarán en la atención médica del enfermo cuando este ya no pueda comunicarse. Aquí se especificará cuál será el tipo de decisiones que estas personas puedan tomar, designándose a una de ellas, llamada *representante,* a que sea la persona que tome las decisiones más importantes al final de la vida.

En *Mi equipo de atención médica,* la quinta y última sección de la guía, se especifica quién es el médico principal o de cabecera, quiénes son las enfermeras, asistentas sociales y otro personal de salud que cuida del paciente.

## LA CONVERSACIÓN FINAL

Además de las importantes preguntas que tiene la guía para conocer los últimos deseos de la persona afectada de una enfermedad crónica terminal, es importante resaltar algunos otros aspectos que deben resolverse en familia antes del fallecimiento.

El primero es preguntarle al ser querido si tiene alguna meta o deseo que le gustaría hacer o lograr antes de morir. Por ejemplo, el desear ver a un hijo o nieto graduarse de la universidad o casarse, o ver a un miembro de la familia que vive a gran distancia pueden ser cosas que, de ser posible, podríamos ayudar a que se hagan realidad.

Otra situación relativamente frecuente es ayudar al enfermo a resolver antiguas rencillas o conflictos que hayan quedado pendientes con amigos o familiares, situaciones que pueden estarle causando un fuerte dolor emocional. En su libro *Las cuatro cosas que más importan,* el Dr. Ira Byock, médico experto en cuidados paliativos, sugiere cuatro mensajes básicos que una persona necesita expresar al final de la vida: «Por favor, perdóname», «Te perdono», «Gracias» y «Te amo».

Si esas poderosas frases tienen ya un enorme poder para ayudarnos a reparar y nutrir nuestras relaciones sociales y familiares en la vida diaria, su impacto en los últimos días de vida es inestimable. Muchos hemos escuchado la anécdota de aquel familiar que no pudo morir hasta que no vio a esa persona de la cual se había distanciado alguna vez.

Es también importante revisar con el enfermo el sentido de su vida, resaltando no solo sus logros y contribuciones a la familia y a la sociedad, sino también reconociendo a todas las personas que lo han amado y a quienes ha amado. Esta conversación ayuda a la persona moribunda a transmitirles a los demás miembros de la familia consejos vitales que pueden darle sentido a su vida y a ayudarlo a sentirse más en paz con su muerte. Este era un tema común de conversación con mi madre cuando estaba cercana a fallecer. Ella recordaba a todos los familiares y las amistades que la habían ayudado en su vida, luego de que mi padre muriera muy joven en un accidente, y decía con mucha entereza que estaba lista para partir, pues había logrado casi todo lo que se propuso en su vida.

Y, por último, debemos aprender a balancear nuestro deseo —naturalmente egoísta— de acompañar a nuestro ser querido el mayor tiempo posible, con los deseos del enfermo, que de repente desearía estar solo. Algunas personas, cuando se acercan a la muerte, quieren soledad y tiempo para reflexionar, mientras que otras quieren que todos sus familiares y amigos estén cerca. Hay que preguntarle con qué frecuencia desea estar con otras personas.

**Puede ocurrir que esos deseos íntimos son comunicados a solo uno o dos familiares y, cuando llega el momento de la muerte, el conjunto de los familiares no se pone de acuerdo en el plan de acción.**

## EL TESTAMENTO VITAL

En este punto le haremos algunas preguntas muy personales: si perdiera el conocimiento durante el transcurso de la enfermedad y entrara en fase terminal, ¿existen algunas disposiciones que desearía que se cumplan con respecto a la agresividad de los tratamientos que reciba? ¿Desearía ser resucitado y mantenido con respiración mecánica? ¿Qué tiene pensado que se haga con su cuerpo: quisiera ser enterrado, cremado o que el cuerpo sea donado a alguna facultad de Medicina para estudios científicos? ¿Desearía algún arreglo especial durante sus funerales?

Entendemos que una conversación franca y sincera con los familiares o amigos más cercanos podría dar una guía de lo que se desearía en esos últimos momentos, pero muchas veces, por diversos motivos, esas conversaciones no se realizan, ni siquiera cuando ya se está muy enfermo.

Puede ocurrir, además —sobre todo en familias numerosas—, que esos deseos íntimos son comunicados a solo uno o dos familiares y, cuando llega el momento de la muerte, el conjunto de los familiares no se pone de acuerdo en el plan de acción. Mientras que los pocos familiares informados dicen que el enfermo, que ahora está inconsciente, no quería ser resucitado y mantenido en un respirador y deseaba donar sus órganos, otros miembros de la familia se oponen a esa decisión y les exigen a los médicos tratantes que se apliquen medidas extremas para prolongar la vida del enfermo y que no se donen los órganos.

El resultado de ese importante desacuerdo es que los deseos de la persona que murió no se cumplen, pues, por razones legales, los médicos están obligados a prolongar artificialmente la vida del paciente, y esto hace que entre los miembros de la familia surjan pugnas y agrios resentimientos que pueden durar mucho tiempo. Ese terrible drama ocurre por la ausencia de un documento legal que describa muy claramente cuáles son los últimos deseos del enfermo en caso de que pierda la conciencia y no pueda exigir sus derechos.

Ese es el testamento vital, que no debe ser confundido con el testamento de bienes, ni mucho menos con la aceptación de eutanasia. El testamento vital es un documento legal que se redacta y firma en presencia de un abogado o notario público y de testigos, en el que se especifican los deseos de la persona afectada de una enfermedad terminal en relación con las acciones que deben tomarse con su salud y su cuerpo en caso de que este pierda la conciencia y no sea capaz de expresarlas.

El testamento vital, también llamado «documento de voluntades anticipadas o de instrucciones previas», tiene por lo general tres importantes componentes: el deseo o no de ser revivido y conectado a una máquina de respiración artificial en caso de que ocurra un paro cardiaco, la designación de una persona para que sirva como interlocutora y ejecutora de los últimos deseos médicos del paciente, y el deseo o no de ser un donante de órganos. El documento puede contener también instrucciones para la disposición final del cuerpo e incluso detalles del funeral.

Este documento se redacta y firma cuando el paciente está plena conciencia de sus actos, hecho que es atestado por el abogado o notario público. Ese documento permite garantizar que los deseos de la persona se cumplan según sus disposiciones, y al ser un documento legal, es mantenido como parte de la historia clínica o legajo médico del paciente en el hospital, en el hospicio, o en la casa y su existencia permite que el personal médico pueda tomar las decisiones pertinentes sin pérdida de tiempo. Los testamentos vitales pueden ser cambiados o revocados en cualquier momento, dejándose siempre constancia por escrito en la historia clínica del enfermo.

Iniciados en los Estados Unidos a fines de la década del sesenta, los testamentos vitales están siendo adoptados por muchos países gracias a legislaciones específicas que deben consultarse en caso de que se quiera contar con uno.

Este es el texto del modelo en México, por ejemplo, que fue adoptado en 2008 y que, además de contener datos de identificación personal, especifica:

El que suscribe, con la capacidad para tomar una decisión de manera libre, consciente, y con la información suficiente, que me ha permitido reflexionar, manifiesto que: se me ha explicado la enfermedad que padezco, la cual ya no responde a tratamiento curativo, por lo que se beneficia de atención paliativa, de tal manera que expreso los criterios y las instrucciones que deseo que se tengan en cuenta sobre los cuidados que deseo recibir en el fin de mi vida, por mi derecho conforme a la Ley General de Salud en su Art. 166 Bis 4, así como el Reglamento de la Ley General de Salud en materia de Prestación de Servicios de Atención Médica Art. 138 Bis 2 y la Ley de Salud de la Ciudad de México en el Capítulo XXIV de Voluntad Anticipada y Cuidados Paliativos en su Art. 149, así como en las demás legislaciones aplicables para dicho efecto, **expreso mi decisión** para ser sometido o no a medios, tratamientos o procedimientos médicos **que pretendan prolongar mi vida, protegiendo en todo momento mi dignidad, haciendo valer mi derecho doy a conocer las medidas que acepto o rechazo.**

**Manifestación para donación de órganos.**   Sí   No

**Reanimación cardiopulmonar.**   Sí   No
Procedimientos técnicos (manuales, farmacológicos y por desfibrilación cardiaca) que pueden restaurar la capacidad respiratoria y el movimiento del corazón cuando los latidos se detienen.

**Reanimación cardiopulmonar.**   Sí   No
Procedimiento en el que un paciente es intubado y conectado a un ventilador o respirador para mantener la función respiratoria (C-Pap, Bi-Pap).

**Apoyo nutricional especializado.**  Sí  No
Líquidos/alimentos artificiales que se introducen por
sonda y llegan hasta el estómago o el intestino delgado.

**Recibir medicamentos para el dolor**  Sí  No
**y otros síntomas físicos.**

**Sedación paliativa.**  Sí  No
Procedimiento que se utiliza para reducir la consciencia,
y así aliviar los síntomas que no pueden ser controlados
con uno o varios tratamientos específicos.

Por su parte, el modelo aprobado por la Conferencia Episcopal Española en 2021 dice:

## DECLARACIÓN DE INSTRUCCIONES PREVIAS Y VOLUNTADES ANTICIPADAS

A mi familia, al personal sanitario, a mi párroco o al ca-
pellán católico:

Si me llega el momento en que no pueda expresar
mi voluntad acerca de los tratamientos médicos que se
me vayan a aplicar, deseo y pido que esta Declaración
sea considerada como expresión formal de mi voluntad,
asumida de forma consciente, responsable y libre, y que
sea respetada como documento de instrucciones previas,

testamento vital, voluntades anticipadas o documento equivalente legalmente reconocido.

Considero que la vida en este mundo es un don y una bendición de Dios, pero no es el valor supremo absoluto. Sé que la muerte es inevitable y pone fin a mi existencia terrena, pero desde la fe creo que me abre el camino a la vida que no se acaba, junto a Dios.

Por ello, yo, el que suscribe _____, de sexo _____, nacido en _____ con fecha _____, con DNI o pasaporte N.° _____ y tarjeta sanitaria o código de identificación personal N.° _____, de nacionalidad _____, con domicilio en _____ (ciudad, calle, número) y con número de teléfono _____ _____.

## Manifiesto

Que tengo la capacidad legal necesaria y suficiente para tomar decisiones libremente, actúo de manera libre en este acto concreto y no he sido incapacitado/a legalmente para otorgar el mismo:

Pido que, si llegara a padecer una enfermedad grave e incurable o a sufrir un padecimiento grave, crónico e imposibilitante o cualquier otra situación crítica; que se me administren los cuidados básicos y los tratamientos adecuados para paliar el dolor y el sufrimiento; que no se me aplique la prestación de ayuda a morir en ninguna de sus formas, sea la eutanasia o el «suicidio médicamente asistido», ni que se me prolongue abusiva e irracional-mente mi proceso de muerte.

Pido igualmente ayuda para asumir cristiana y hu-manamente mi propia muerte y para ello solicito la pre-sencia de un sacerdote católico y que se me administren los sacramentos pertinentes.

Deseo poder prepararme para este acontecimiento final de mi existencia, en paz, con la compañía de mis se-res queridos y el consuelo de mi fe cristiana.

Suscribo esta Declaración después de una madura reflexión. Y pido que los que tengáis que cuidarme res-petéis mi voluntad.

Designo para velar por el cumplimiento de esta vo-luntad, cuando yo mismo no pueda hacerlo, a _____

_____, DNI _____,

domicilio en _____ y telé-fono _____ y designo como sustituto de este representante legal para el caso de que este no pueda o quiera ejercer esta representación a _____,

DNI _____, domicilio en _____ y

teléfono _____.

Faculto a estas mismas personas para que, en este su-puesto, puedan tomar en mi nombre, las decisiones per-tinentes.

En caso de estar embarazada, pido que se respete la vida de mi hijo.

Soy consciente de que os pido una grave y difícil responsabilidad. Precisamente para compartirla con vosotros y para atenuaros cualquier posible sentimiento de culpa o de duda, he redactado y firmo esta declaración.

Firma: _____

Fecha: _____ DNI: _____

El testamento vital, documento de instrucciones previas o de voluntades anticipadas es un mecanismo legal que permite que, en caso de perder conciencia, nuestro derecho a que nuestros últimos deseos sean cumplidos de acuerdo con nuestras estrictas especificaciones. No debe ser confundido con un pedido de eutanasia ni implica la pérdida de algún derecho fundamental. Al revés, el tener un testamento vital en la historia clínica del hospital asegura que nuestra última voluntad sea cumplida por los profesionales de la salud que nos cuidan.

## LAS *DOULAS* O MATRONAS DE LA MUERTE

En obstetricia, las *doulas* o matronas son profesionales capacitadas en atender los partos, brindando apoyo emocional, físico y educativo a una madre que está embarazada, en trabajo de parto o ha dado a luz recientemente. Armada

de conocimientos médicos básicos, el propósito del trabajo de una *doula* del parto es ayudar a las mujeres embaraza-
das a tener una experiencia de parto segura, memorable y
que la empodere como madre y mujer.

Bajo ese molde, y reconociendo que en la actualidad
muchas personas mueren solas y sin asistencia, es que en
el Reino Unido, Estados Unidos y algunos otros países, se
están formando recientemente a las *doulas* o matronas de
la muerte, personas que tienen como misión acompañar al
moribundo, ayudándolo en el tránsito y la aceptación de la
muerte inminente.

Las *doulas* de la muerte trabajan promoviendo la calidad del bienestar del moribundo, preservando su identidad y autoestima como personas y ayudándolos a cerrar
los asuntos legales, emocionales psicológicos y familiares
que tengan pendientes antes de morir. No es necesario que
las *doulas* de la muerte tengan conocimientos médicos para
ejercer sus funciones, aunque deben estar versadas en saber
reconocer los signos tempranos de la muerte.

La función de las *doulas* de la muerte es esencial cuando la persona en trance de morir y su familia no tienen la
capacidad de expresar abiertamente sus sentimientos con
respecto a lo que está por venir. Ellas (la mayoría son mujeres) no reemplazan al cuidado médico paliativo que pueda estar recibiendo el paciente y representan más bien una
presencia apacible y de serenidad en los momentos difíciles que atraviesa la familia.

Las personas interesadas en recibir entrenamiento
para convertirse en *doulas* de la muerte en Estados Unidos

pueden contactar a la International End of Life Doula Association (INELDA) en www.inelda.org.

El tabú de la muerte y no querer hablar de ella ni enfrentarla es un fenómeno relativamente nuevo en la sociedad. Históricamente, si bien es cierto que nunca fue bienvenida, sí era mucho más aceptada como un hecho natural. El desarrollo de este tabú en las últimas décadas se debe fundamentalmente a la medicalización de la muerte, en la que los médicos han sido educados para evitar o posponer la muerte a toda costa, olvidando de que esta no es un evento médico, sino un fenómeno natural tan humano como el nacimiento y que debe ser aceptada y respetada.

Es muy importante que aprendamos a enfrentar la muerte como el fenómeno natural que es y que evitemos que nuestros seres queridos —y nosotros mismos— mueran en situación de sufrimiento físico, emocional, soledad y abandono.

Existen recursos que nos pueden ayudar a navegar esas turbulentas aguas del fin de la vida de nuestros seres queridos. Ayudar al buen morir de amigos y familiares es tan esencial como el ayudar a un bebé a crecer sano y salvo.

# APÉNDICE

## GUÍA PARA EL USO DE PERSONAS QUE VIVEN CON UNA ENFERMEDAD GRAVE

POR ARIADNE LABS/THE CONVERSATION PROJECT

**Este cuaderno de ejercicios está diseñado para ayudar a que las personas con una enfermedad grave se preparen para hablar con su equipo de atención médica (médicos, enfermeros, trabajador social, etc.) sobre lo que considera más importante, para asegurarse de que recibirá la atención médica que desea.**

En este cuaderno de ejercicios NO se trata de cómo tomar decisiones médicas específicas. Se trata de ayudar a que piense en lo que considera más importante para usted y sobre cómo explicarle a su equipo de atención médica cuáles son sus objetivos y sus preferencias. Luego, juntos pueden elegir el tipo de atención médica que sea más adecuado para usted.

### HAGA ESTO
- **Complete el cuaderno usted solo o con alguien más.** Escoja la manera de completarlo que sea más adecuada para usted.
- **Tómese el tiempo necesario para completar los ejercicios.** No es necesario que los haga todos el mismo día. Si prefiere dejar en blanco algunos ejercicios, está bien, o puede volver a repasar preguntas que dejó en blanco después.
- **Comparta su cuaderno con sus respuestas con su equipo de atención médica.** Lleve el cuaderno terminado a su próxima cita médica para hablar sobre sus respuestas y preguntas con su equipo.
- **Esté preparado/a.** Aunque aún no tenga agendada una cita médica, o no tenga planes para reunirse con familiares pronto, haber completado el cuaderno le ayudará a tener más claro lo que considere más importante para usted.

### PARA CUIDADORES
Si está ayudando a alguien más a completar este cuaderno, aquí hay unos puntos que debe tener en mente:
- **Explíquele a la persona a la que está ayudando para qué es el uso de este cuaderno.** Quizás diga algo como, «Quiero asegurarme de que sepamos qué es lo más importante para usted, de modo que podamos tener una conversación con su equipo de atención médica».
- **Complételo con calma.** Siempre está bien dejar en blanco una pregunta. Hasta puede dejar que la persona escoja las preguntas que le interesé llenar más. Si se siente cansado/a o abrumado/a, descanse y vuelva a revisar las preguntas que queden más tarde.
- **Si la persona es propensa a confundirse, mantenga el número mínimo de ayudantes para ayudarle a completar el cuaderno.** Tener a muchas personas presentes puede tener el efecto de presionar más a la persona con la enfermedad grave. Tenga a una o dos personas ayudando a completar el cuaderno. Después compártalo con otros/as.

## Mi salud
**¿Qué sabe usted de su estado de salud actual?**

_____

_____

_____

**¿Cuánta información sobre lo que podría sucederle respecto de su salud quisiera que le brindara su equipo de atención médica?**

_____

_____

_____

## Sobre mí
**MIS DÍAS BUENOS. ¿Cómo es un buen día para usted?**
Estas son algunas de las cosas que me gusta hacer cuando tengo un buen día:

_____

_____

_____

**Ejemplos**
_Levantarme y vestirme • Jugar con mi gato • Hacer una llamada por teléfono • Ver televisión • Tomar un café con un amigo_

**MIS DÍAS DIFÍCILES. ¿Cómo es un día difícil para usted?**
Estas son las cosas más difíciles con las que tengo que lidiar cuando tengo un día difícil:

_____

_____

_____

**Ejemplos**
_No puedo salir de la cama • Me siento mal • No tengo hambre • No tengo ganas de hablar con nadie_

**MIS OBJETIVOS. ¿Cuáles son los objetivos más importantes si su estado de salud empeora?**

Estas son algunas de las cosas que me gustaría poder hacer en el futuro:

_____

_____

_____

**Ejemplos**

*Sacar a pasear a mi perro • Asistir a la boda de mi hijo/a • Sentirme lo suficiente bien para ir a la iglesia • Hablar con mis nietos cuando me vienen a visitar*

## Mi atención médica

Todas las personas tienen preferencias sobre el tipo de atención que quieren o no quieren recibir. Utilice las siguientes escalas para pensar en sus preferencias actuales.

*Aviso: Las escalas representan una variedad de sentimientos. No hay respuestas correctas ni incorrectas.*

- Llene sus respuestas según el lugar dónde se encuentra actualmente. Para cada una de las escalas abajo, piense en lo que quiere ahora. Vuelva a revisar sus respuestas en el futuro, cómo pueden cambiar con el tiempo.
- Utilice sus respuestas como tema de conversación. Estas pueden ser un buen punto para empezar a hablar con los/las demás sobre por qué incluyó sus respuestas a las preguntas en este cuaderno.

**Como paciente, me gustaría saber...**

(1)          (2)          (3)          (4)          (5)

Solo la información básica sobre                     Todos los detalles sobre
mi enfermedad y mi tratamiento.                     mi enfermedad y mi tratamiento.

**Cuando se deba tomar una decisión médica, me gustaría...**

(1)          (2)          (3)          (4)          (5)

Que mi equipo de atención médica        Tener voz y voto en cada decisión.
haga lo que considere mejor.

**¿Cuáles son sus preocupaciones sobre los tratamientos médicos?**

(1)          (2)          (3)          (4)          (5)

Me preocupa no recibir la atención suficiente.    Me preocupa recibir demasiada atención.

**¿Qué tantos tratamientos médicos se realizaría para tener la posibilidad de ganar más tiempo de vida?**

( 1 )                ( 2 )                ( 3 )                ( 4 )                ( 5 )

Ninguno: no quiero realizarme          Todos: quiero probar tantos tratamientos
más tratamientos médicos.                      médicos como sea posible.

**Si su estado de salud empeora, ¿dónde quiere estar?**

( 1 )                ( 2 )                ( 3 )                ( 4 )                ( 5 )

Prefiero considerablemente pasar              Prefiero considerablemente
mis últimos días en un centro médico.                  estar en mi casa.

**Cuando se trate de compartir la información sobre mi enfermedad con otras personas...**

( 1 )                ( 2 )                ( 3 )                ( 4 )                ( 5 )

No quiero que las personas cercanas       Estoy a gusto con la idea de que las personas
a mí sepan todos los detalles sobre          cercanas a mí conozcan todos los detalles
mi enfermedad.                                    sobre mi enfermedad.

**MIS MIEDOS Y PREOCUPACIONES. ¿Cuáles son sus mayores miedos y preocupaciones respecto del futuro de su salud?**
Estas son las cosas que más me preocupan:

_____

_____

_____

**Ejemplos**
*No quiero sentir dolor • Me preocupa la posibilidad de no obtener el cuidado de salud que quiero • No quiero sentirme atrapado/a en un lugar donde nadie venga a visitarme • Me preocupa el costo de mi cuidado • ¿Qué tal que necesite más cuidado de lo que puedan brindar mis cuidadores?*

**MIS FORTALEZAS. Cuando piensa en el futuro con su enfermedad, ¿qué le da fuerza?**

Estas son las principales fuentes de fortaleza en tiempos difíciles:

_____

_____

_____

**Ejemplos**

*Mis amigos/as • Mi familia • Mi fe • Mi jardín • Yo («simplemente lo hago»)*

**MIS CAPACIDADES. ¿Qué capacidades son tan fundamentales en su vida que no podría imaginar vivir sin ellas?**

Quiero seguir adelante mientras pueda...

_____

_____

_____

**Ejemplos**

*Mientras pueda sentarme en la cama y hablar con mis nietos/as ocasionalmente • Mientras pueda tomar helado y mirar un partido de futbol en la televisión • Mientras pueda reconocer a mis seres queridos • Mientras me siga latiendo el corazón, aunque yo no esté consciente*

Si mi enfermedad empeora, esto es lo que más me importa: ¿hacer lo posible para vivir más tiempo o hacer lo posible para tener una mejor calidad de vida? Por favor incluya una explicación en el espacio de abajo:

_____

_____

_____

**MIS DESEOS Y PREFERENCIAS. ¿Qué deseos y preferencias tiene con respecto a su atención médica?**

Si mi estado de salud empeora, esto es lo que sí quiero que suceda:

_____

_____

_____

_____

**Ejemplos**

*Quiero ser lo más independiente posible • Quiero regresar a casa • Quiero que los/as médicos hagan absolutamente todo lo posible para mantenerme con vida • Quiero que todos/as respeten mis deseos cuando diga que solo quiero recibir medidas de confort*

Esto es lo que **no** quiero que suceda:

_____

_____

_____

_____

**Ejemplos**

*No quiero ser una carga para mi familia • No quiero estar solo/a • No quiero terminar en una UCI conectado a un montón de aparatos • No quiero sentir dolor*

¿Qué más quiere asegurarse de que sepan su familia, sus amigos/as y los médicos sobre usted o sus deseos y preferencias con respecto a la atención médica si su enfermedad empeora?

_____

_____

_____

_____

**MIS PREGUNTAS. ¿Qué preguntas tiene para hacerle a su equipo de atención médica?**

_____

_____

_____

**Ejemplos**

*¿Cómo trabajarás conmigo en los próximos meses? ¿Cuáles son las opciones disponibles para mí ahora mismo y cuál es la posibilidad de que funcionen? ¿Qué puedo esperar si decido no seguir con el tratamiento recomendado? ¿Si me llegara a enfermar más, qué puede hacer usted para ayudarme a sentir cómodo/a? ¿Cuál es el mejor y el peor de los casos posibles?*

## Personas clave

**¿Hay personas clave (familiares, amigos/as, guías religiosos, otros/as) que se involucrarán en su atención médica a partir de entonces?** Para cada persona en su lista, asegúrese de incluir el número de teléfono y la relación con usted.

_____

_____

**¿Cuánto saben sobre sus deseos y preferencias? ¿Qué rol quiere que tengan en la toma de decisiones? ¿Cuándo podría hablarles sobre sus deseos?**

_____

_____

**¿Quién querría que tomara decisiones en su nombre si usted no fuese capaz? Por lo general, esta persona se conoce como «representante», «agente» o «responsable sustituto» de atención médica. Revise la guía para elegir un representante de atención médica si necesita ayuda al escoger a una persona.**

_____

_____

_____

Nombre, información de contacto, vínculo:

Sí ○  No ○   He hablado con esta persona sobre lo que más me importa.

Sí ○  No ○   He completado un formulario oficial que designa a esta persona como mi representante de atención médica.

Sí ○  No ○   Me he asegurado que mi equipo de atención médica tenga una copia del formulario de representación oficial.

**MI EQUIPO DE ATENCIÓN MEDICA**
**¿Quienes son los médicos más importantes en su atención?**

Mi médico/a de cabecera _____ _____

Nombre                    Número de teléfono

Mi trabajador/a social _____ _____

Nombre                    Número de teléfono

Mi especialista principal _____ _____

Nombre                    Número de teléfono

Otros/as _____ _____

Nombre                    Número de teléfono

Puedes conseguir esta guía en formato PDF siguiendo el código QR a continuación:

Capítulo 5

# Libertad para decidir cómo queremos morir

El desarrollo de las máquinas de respiración artificial, las unidades de cuidados intensivos y los variados métodos de soporte circulatorio y respiratorio han originado la *medicalización de la muerte,* cuya máxima expresión se muestra en el *ensañamiento terapéutico,* que se presenta cuando se administran tratamientos cuya única finalidad es alargar la vida de un paciente médicamente irrecuperable y que sufre en silencio la extensión de su vida. Es triste reconocer que, durante las últimas décadas, la muerte se ha convertido en una condición médicamente inaceptable, tanto por el establecimiento médico como —desafortunadamente— por la sociedad en general.

En respuesta a esa perturbadora realidad, durante los últimos cincuenta años la sociedad ha desarrollado diversas iniciativas para contrarrestar el sufrimiento causado por el ensañamiento terapéutico. Como se repasó en el capítulo anterior, entre ellas destacan el advenimiento de la medicina paliativa, una especialidad que tiene como objetivo proporcionar alivio físico y mental durante los últimos meses o años de vida de un enfermo, y el testamento vital, documento legal en el que, aceptando la muerte inminente, el enfermo dispone, además de sus últimos deseos en relación con la intensidad del tratamiento que debe recibir cuando ya no tenga conciencia, su voluntad de ser revivido si ocurriera un paro cardiaco, o la disposición de su cadáver y la donación de órganos.

Pero el ensañamiento terapéutico ha ocasionado también que, durante las últimas décadas, se vuelva a poner en el tapete del debate público a la eutanasia, una práctica que existió desde tiempos inmemoriales y de la cual nos ocuparemos en este capítulo.

## EUTANASIA (LA «BUENA MUERTE»)

La palabra *eutanasia* proviene del griego *eu* ('buena') y *thanatos* ('muerte'), por lo que su significado sería el de 'buena muerte'. En el sentido más amplio, la eutanasia puede ser definida como el acto o práctica de facilitar la muerte sin dolor y sufrimiento a personas que padecen de una enfermedad dolorosa e incurable. Debido a que en la mayoría de los sistemas legales de los países no existe una disposición específica al respecto, la práctica de la eutanasia generalmente se considera como un suicidio (si la comete el propio paciente) o un asesinato (si la comete otra persona).

La eutanasia tiene una historia tan larga como la humanidad misma; se cree que en algunas islas de la antigua Grecia, como Ceos y Massalia, se usaba la cicuta para que las personas enfermas y ancianas pudieran acabar voluntariamente con su vida. En un acto considerado por muchos como suicidio asistido, Sócrates fue condenado a morir, obligándolo a beber la cicuta. Por su parte, Hipócrates estuvo opuesto a la práctica de la eutanasia recomendándole

## Es a fines del siglo XIX que empiezan los debates organizados acerca del uso de la eutanasia en Estados Unidos.

a los médicos en su afamado juramento hipocrático que «no administraré a nadie un fármaco mortal, aunque me lo pida, ni tomaré la iniciativa de una sugerencia de este tipo».

Durante el Imperio romano, Lucio Anneo Séneca escribió en una de sus *Epístolas morales a Lucilio* que «así como elegiré mi barco cuando estoy a punto de emprender un viaje, o mi casa cuando me propongo tomar residencia, así elegiré mi muerte cuando estoy a punto de partir de la vida».

El uso moderno de la palabra *eutanasia* fue empleado por primera vez por el filósofo británico Francis Bacon (1561-1626) quien, en su obra *The Advancement of Learning*, en 1605, proporcionó la primera descripción moderna de esa práctica, al referirse a la «felicidad de la eutanasia» diciendo: «Estimo que el oficio de un médico no solo es el restaurar la salud, sino también mitigar los dolores, y no solo cuando dicha mitigación pueda conducir a la recuperación del paciente, sino también cuando pueda servir para lograr un tránsito justo y fácil a la muerte».

Después de numerosos debates aislados sobre el uso de la eutanasia en Europa y Estados Unidos durante los siglos XVII, XVIII y XIX, se considera que es a fines del siglo XIX —cuando se descubren los poderosos efectos narcóticos de la morfina— que empiezan los debates organizados acerca del uso de la eutanasia en Estados Unidos, los que desembocan en los primeros intentos fallidos de legalizar su uso en los estados de Ohio e Iowa en 1906.

En 1935 se funda en el Reino Unido la Sociedad de Legalización Voluntaria de la Eutanasia, rebautizada como Dignidad al Morir en 2005; y en 1938, se funda en Estados Unidos la Sociedad de Eutanasia de América, rebautizada en 1991 como Elección de Morir (Choice in Dying).

Por su enorme carga emocional, los lectores encontrarán que existen diversos términos para referirse a la eutanasia, los que a menudo están influenciados por las posiciones a favor o en contra del que la cita. Por ejemplo, no es raro leer que las personas que tienen una opinión favorable a la eutanasia se refieran a ella como la «muerte asistida» o «muerte piadosa», mientras que aquellos que tienen una opinión desfavorable usen términos con un fuerte componente emocional negativo, como «suicidio», «asesinato» o la misma palabra *eutanasia,* comparándola con el sacrificio de nuestros animales domésticos.

Hecha esa aclaración, para muchos expertos, la palabra *eutanasia* solo debería usarse cuando, de manera activa, y después de haberse cumplido múltiples requisitos médicos y legales usados como salvaguarda, un profesional de la salud acaba intencionalmente con la vida de una persona que está sufriendo de una enfermedad crónica y terminal.

El término *muerte asistida* o *suicidio asistido* se usa cuando, luego también de haberse cumplido múltiples requisitos médicos y legales, a una persona afectada de una enfermedad crónica y terminal se le facilita una dosis letal de un medicamento, la cual debe ser tomada por la propia persona, sin ayuda de terceros.

Por otro lado, existe una figura legal que puede usarse cuando un paciente considera que está siendo víctima de *ensañamiento terapéutico,* es decir, de estar recibiendo tratamiento médico inútil para asegurarle una mínima calidad de vida. Se trata de la *adecuación del esfuerzo terapéutico* (AET), en la que el paciente puede solicitarle al médico que le retire el único tratamiento que lo mantiene con vida. Para esto, el paciente, estando todavía consciente o a través de un testamento vital, solicita su derecho a la AET, pidiendo que se le desconecte de una máquina de respiración artificial que lo mantiene en vida.

## «YA NO QUIERO RECIBIR ESTE TRATAMIENTO»

Es muy importante entender los fundamentos científicos y éticos del tratamiento médico que recibe un paciente. Cuando una persona acude a un médico con un problema de salud, el profesional usa el método científico para encontrar el tipo de enfermedad que la aqueja, es decir, para hacer el diagnóstico médico del paciente. Después de un amplio interrogatorio, un concienzudo examen clínico del cuerpo y el uso e interpretación de exámenes auxiliares, el médico es capaz de llegar al diagnóstico de su paciente. Una vez conocida la causa de la enfermedad, el médico diseña el tratamiento respectivo y establece el pronóstico médico, es decir, le deja saber a su enfermo si se va a curar o no y cuándo.

El principio ético fundamental para que el médico reco-
miende un tratamiento, y que el paciente lo acepte, es que
el beneficio debe ser siempre mucho mayor que los posibles
riesgos o efectos secundarios del tratamiento. De lo contrario, estaríamos aceptando el viejo dicho de que el remedio
es peor que la enfermedad.

Si el paciente recibe un tratamiento que, a pesar de un
cierto beneficio, afecta enormemente su calidad de vida —por ejemplo, un medicamento que le provoca graves reacciones secundarias en su salud mental—, está en
su derecho de pedirle al médico, y el médico en su deber
de satisfacer ese pedido, de que le retire el medicamento que lo está afectando tan gravemente. El buen médico
entenderá que deberá buscar otro medicamento que dé
los mismos beneficios, pero con los mínimos efectos secundarios.

Aplicando ese principio al final de la vida, el *ensañamiento, encarnizamiento* u *obstinación terapéutica* se produce
cuando el médico desea empezar o insiste en continuar, en
un paciente terminal, un tratamiento médico cuya única finalidad es la de evitar una muerte inminente, prolongando
su vida sin valorar la calidad de esta. El encarnizamiento terapéutico ocasiona una *distanasia* o deceso difícil o angus-
tioso, en el que, al posponer lo inevitable, lo único que se
consigue es alargar el sufrimiento de un paciente incurable. Un ejemplo muy claro de encarnizamiento terapéutico es el que ocurre cuando un paciente en estado terminal
es mantenido en vida a través de un ventilador mecánico o
máquina de respiración artificial.

El ensañamiento terapéutico se produce cuando el médico desea empezar o insiste en continuar, en un paciente terminal, un tratamiento médico cuya única finalidad es la de evitar una muerte inminente.

¿Tiene derecho un ser humano afectado de una enfermedad crónica, incurable y terminal a solicitar que se le retire de un ventilador mecánico para tener una muerte digna o es la sociedad —a través del sistema médico— la que decide por él y determina que debe continuar con vida hasta tener una muerte natural, sin importar la calidad de vida ni el sufrimiento de la persona? Esa es una pregunta fundamental en el debate, una pregunta cuya respuesta está fuertemente determinada por las creencias religiosas de las personas. Para unos, es el ejercicio de un derecho fundamental; para otros, una grave violación de las leyes divinas.

A partir de la invención de la máquina de respiración artificial, empezó a ocurrir que muchos pacientes sin posibilidad alguna de recuperación quedaban conectados indefinidamente a los ventiladores en las unidades de cuidados intensivos de los hospitales. Ante esa situación muchos anestesiólogos católicos buscaron la orientación del papa Pío XII para saber si desconectar a uno de esos pacientes podía constituir eutanasia. En una conferencia de anestesiólogos en noviembre de 1957, la respuesta del papa fue que los pacientes no están obligados a someterse a ventilación mecánica ya que estos «tratamientos van más allá de los medios ordinarios a los que uno está obligado», y también declaró que la desconexión consensuada de un ventilador «no es […] eutanasia de ninguna manera».

En ese sentido, la Conferencia Nacional de Obispos Católicos de Estados Unidos determinó en sus «Directivas éticas y religiosas para los servicios católicos de atención médica» de 1995, que, al retirar los soportes vitales artificiales, no se está matando a un paciente, sino simplemente aceptando «nuestras limitaciones humanas para revertir el proceso de muerte». Agregan que renunciar a tratamientos inútiles, extraordinarios o desproporcionadamente gravosos no es lo mismo que la eutanasia o el suicidio asistido.

La muerte de san Juan Pablo II en 2005 brinda también un ejemplo del rechazo al ensañamiento terapéutico. Después de sufrir severas complicaciones por una influenza durante el invierno boreal de 2005, el papa desarrolló una severa insuficiencia respiratoria que obligó a que el 24 de febrero se le practicara en el hospital una traqueostomía para aspirar las secreciones acumuladas en sus vías respiratorias. El 31 de marzo, ya en su habitación del Vaticano, Juan Pablo II desarrolló una severa septicemia o infección generalizada consecuencia de una infección urinaria, por lo que sus médicos aconsejaron volverlo a internar en el hospital. Nunca olvidaré la noche en que, cubriendo la enfermedad del papa para la cadena de televisión CNN en Español, nos llegó la noticia de que se había puesto muy grave en su habitación y que, cuando sus médicos intentaron reingresarlo al hospital del cual había salido unos días antes, Juan Pablo II dijo que ya bastaba de sufrimiento, que no quería regresar al hospital y que lo dejaran morir en su cama, en su habitación y rodeado de los que más quería. Sus últimas palabras fueron: «Déjenme ir a la casa del Padre».

Después de repetidos intentos fallidos de legalizar el uso de la eutanasia en diversos países del mundo durante el siglo XIX y primera mitad del siglo XX, finalmente en los últimos 25 años su situación legal ha cambiado en varios países del mundo. Al momento de escribir este libro, la eutanasia (como fue definida antes) es legal en once países: Suiza (1942), Países Bajos y Bélgica (2002), Luxemburgo (2009), Colombia (2014), Canadá (2016), Austria, Nueva Zelanda y España (2021) y Australia (2022). Cuba aprobó una ley en diciembre de 2023, pero está en espera de su reglamento para tener vigencia.

En los Estados Unidos, la muerte asistida es legal en once estados o distritos: Oregón (el más antiguo, desde 1997), California, Colorado, Distrito de Columbia, Hawái, Montana, Maine, Nueva Jersey, Nuevo México, Vermont y Washington. Con la excepción de Oregón y Montana, la mayor parte de la legislación en los demás estados se ha promulgado recién en la última década.

Por su parte, la *adecuación del esfuerzo terapéutico* — en la que un paciente considera que está siendo víctima de ensañamiento terapéutico y solicita que se le retire el soporte vital crítico— está permitida en al menos nueve países (República Checa, Dinamarca, Francia, Alemania, Hungría, Italia, Noruega, Suecia y el Reino Unido) y probablemente se practica en silencio en muchos otros países del mundo.

## EUTANASIA EN AMÉRICA LATINA

Con la excepción de Colombia, que en 1997 se convirtió en el primer país de las Américas en legalizar el derecho a la eutanasia —teniendo que esperar hasta 2014 para reglamentar la ley—, el avance de legislación en los demás países de la región ha sido lento. Gracias a la pionera acción de personas afectadas por enfermedades crónicas incurables, últimamente hemos visto algunos avances. Hagamos un breve repaso.

### Colombia

Mediante la Sentencia C-239-79, promulgada por la Corte Constitucional de la República de Colombia el 20 de mayo de 1997, ese país se convirtió en el primer país en las Américas en aprobar un dispositivo legal para permitir la eutanasia en sus ciudadanos. En esencia, el dispositivo legal despenaliza el acto llamado *homicidio de piedad,* el cual es definido como «la acción de quien obra por la motivación específica de poner fin a los intensos sufrimientos de otro ser humano». Hasta ese momento, el artículo 326 del código penal colombiano castigaba con cárcel de seis meses a tres años a la persona que cometiera el delito de homicidio por piedad.

El primer beneficiario de la ley fue Ovidio González Correa, padre del famoso caricaturista Julio César González, conocido como «Matador», del diario *El Tiempo* de Bogotá. En 2010, don Ovidio fue diagnosticado con un cáncer de la cavidad oral, enfermedad agresiva que le costó parte de los huesos de la cara y tejidos de la boca, lo cual le produjo una fuerte deformidad en el rostro, dolor intenso al tratar de hablar e imposibilidad para alimentarse. Se sometió a incontables tratamientos, pero, a pesar de los esfuerzos, se concluyó que su enfermedad era incurable.

En esas condiciones, don Ovidio le dijo a su hijo Julio César que deseaba acogerse a la recientemente aprobada ley de eutanasia pues «sabiendo adónde voy, no quiero ser un guiñapo en una cama». El 4 de junio de 2015, el propio don Ovidio presentó su petición, la cual fue aprobada.

Una primera fecha de muerte se aprobó para el viernes 26 de junio a las dos de la tarde, pero fue pospuesta debido al rechazo del médico oncólogo Juan Cardona, quien se opuso aduciendo que el reglamento no era muy claro y que don Ovidio no estaba terminal todavía, por lo que «podía durar algún tiempo». Ante esa situación, su abogado volvió a presentar la petición y el hijo de don Ovidio empezó una campaña de protesta por la suspensión de la muerte de su padre a través de tres intensas caricaturas en el diario *El Tiempo*. La campaña tuvo efecto y el derecho a una muerte digna de don Ovidio se reprogramó para el viernes 3 de julio a las nueve y media de la mañana.

En 2021, el caso de Martha Sepúlveda, una mujer colombiana de 51 años diagnosticada en 2018 con esclerosis lateral amiotrófica (ELA) o enfermedad de Lou Gehrig, logró modificar la ley para incluir a personas que no estaban en estado terminal, pero sufrían una enfermedad crónica incurable. Después de que la ejecución de su pedido inicial de eutanasia fuera suspendida por un comité médico que consideró que su caso no era considerado como un caso

**El avance de la legislación sobre la eutanasia en la mayoría de los países latinoamericanos ha sido lento.**

terminal, la Corte Constitucional dictaminó que el derecho se aplica no solo a los pacientes terminales sino también a aquellos con «sufrimiento físico o mental intenso debido a lesiones corporales o enfermedades graves e incurables». Martha Sepúlveda falleció según sus deseos el 8 de enero de 2022. Un día antes, Víctor Escobar, diagnosticado con un severo caso de fibrosis pulmonar, se convirtió en la primera persona en morir mediante eutanasia por una enfermedad no terminal.

### Perú

Ana Estrada Ugarte, de 45 años, psicóloga de profesión, fue una peruana que padecía desde su adolescencia de polimiositis, una enfermedad degenerativa muscular, crónica y progresiva, que la había dejado casi completamente paralizada. Por su dificultad respiratoria, Ana era conectada a un respirador mecánico durante la noche y gran parte del día, y por su dificultad para deglutir, tenía un tubo externo conectado a su estómago para su alimentación. Ana conservaba su capacidad intelectual intacta y dependía completamente de cuidado médico durante las veinticuatro horas del día.

Debido a que el Perú no contaba con ninguna legislación para ayudarla, pues el Código Penal castigaba con cárcel no mayor de tres años a quien «por razones de piedad» ayudase en la muerte de un ser humano, Ana inició a principios de 2020 una batalla legal para obtener el derecho humano fundamental de decidir cuándo, dónde y cómo morir.

En julio de 2022 la Corte Suprema del Perú ratificó el derecho fundamental de Ana a una muerte digna. Gracias a ello, Ana pudo acceder a la eutanasia el domingo 21 de abril de 2024. Según el comunicado de su abogada, el procedimiento se realizó de acuerdo con el «Plan y protocolo de muerte digna» aprobado en las resoluciones judiciales previamente mencionadas.

El segundo caso que ha logrado acaparar la atención de la sociedad peruana acerca de la muerte digna es el de María Teresa Benito Orihuela, una mujer peruana de 65 años que en 2014 fue diagnosticada de ELA, enfermedad que la dejó completamente paralizada y conectada de forma permanente a una máquina de respiración mecánica. María, quien mantenía una completa lucidez mental, solo podía mover sus ojos, los cuales usaba para comunicarse usando un dispositivo de seguimiento visual llamado Tobii. Además de que la enfermedad le causaba dolores corporales intensos, ella sufría mucho por saberse atrapada en un cuerpo inmóvil y completamente dependiente.

Estando ya en el séptimo año de su enfermedad, María empezó a notar una disminución de sus movimientos oculares, y ante la posibilidad de perder su único medio de comunicación, María redactó un testamento vital en el cual dispuso sus deseos sobre el final de su vida.

A diferencia de Ana Estrada, que escogió la eutanasia para obtener una muerte con dignidad, y sabiendo que una lucha legal para obtener el mismo beneficio sería muy larga y no tendría tiempo para conseguirlo, María optó por ejercer su derecho a la *adecuación del esfuerzo terapéutico,* es decir, rechazar el tratamiento (respiración artificial) que la mantenía con vida, solicitando que se le desconectara del ventilador mecánico para que la ELA siga su curso natural hacia la muerte.

Después de una larga batalla legal con el sistema judicial peruano, en febrero de 2024, la Tercera Sala Constitucional de la Corte Superior de Lima emitió un fallo a su favor, cuya ejecución fue postergada durante cinco largos meses. Finalmente, el viernes 3 de mayo de 2024 María Benito accedió a su derecho de tener una muerte digna.

## Ecuador

Paola Roldán es una mujer ecuatoriana de 43 años que en 2020 fue diagnosticada con ELA, padecimiento que en poco más de tres años la ha dejado completamente paralizada y conectada permanentemente a una máquina de respiración artificial.

En agosto de 2023 presentó una demanda de inconstitucionalidad del artículo 144 del Código Integral Penal de Ecuador, que amenazaba con procesar por homicidio simple a quien ayudara a una persona que exprese su deseo de optar por la eutanasia. La demanda fue admitida en septiembre de ese año y, en febrero de 2024, la Corte Constitucional del Ecuador aprobó su pedido, con lo cual despenalizó la eutanasia.

A diferencia del caso de Ana Estrada en el Perú, quien logró el mismo beneficio de manera excepcional para su persona, sin que eso implique que la eutanasia sea legalizada en el Perú, la decisión de la Corte Constitucional del Ecuador ha despenalizado la eutanasia para el país.

Para acceder a la eutanasia, según la Corte, deben cumplirse dos requisitos: primero, que la persona que lo solicita esté sometida a sufrimientos intensos resultantes de una lesión corporal grave irreversible o de una enfermedad grave e incurable y, segundo, que el individuo exprese su consentimiento inequívoco, libre e informado; en caso de que no pueda hacerlo, un representante debe poder decidir.

El testimonio de Paola Roldán durante la audiencia de su caso tuvo momentos muy emotivos, como cuando dijo:

> He vivido una vida plena y sé que lo único que merezco es una vida y una muerte con dignidad. He tenido el privilegio de tener acceso a los mejores cuidados paliativos, con medicamentos y tecnología de punta, aquí y en el exterior, y puedo decir con absoluta certeza que no son suficientes, el dolor es constante e implacable.

> No hay medida paliativa que me permita transitar los dolores emocionales. El dolor de saber que todos mis sueños han sido mermados. El dolor de tener a mi hijo acostado a mi lado acostado con fiebre y no poder extender mi mano dos centímetros para tocarle la frente. Díganme ustedes qué cuidado paliativo sirve cuando semana a semana soy testigo consciente de cada facultad que voy perdiendo.

En una entrevista periodística luego de conocerse la decisión de la Corte, Paola dijo que había hecho su pedido por amor y por compasión, y que no encontraba palabras para recalcar que el derecho a la eutanasia es una opción, no una obligación. Es una opción para quienes creen en ella, para quienes se asustan ante ella, pero también para quienes se sienten repugnados por ella.

## CUANDO LA EUTANASIA NO ESTÁ DISPONIBLE EN TU PAÍS

El caso del ensayista, novelista y periodista cubano Carlos Alberto Montaner refleja lo que una persona debe hacer cuando el derecho a una muerte digna no está disponible en el país de residencia.

El Dr. Montaner, radicado durante muchos años en Miami —ciudad en donde logró desarrollar una carrera destacada como líder de opinión a través de sus escritos y trabajo en los medios de comunicación—, fue diagnosticado de enfermedad de Parkinson en la séptima década de su vida.

Montaner escribió una carta póstuma que fue publicada la primera semana de julio de 2023, la cual empieza con la frase «Cuando usted lea este artículo yo estaré muerto». En ella, relata su camino a la eutanasia, que, por no estar disponible en Estados Unidos, fue realizada en España.

Cuenta Montaner que, a pesar de que el Parkinson le había quitado inicialmente la capacidad de hablar, él había decidido seguir adelante con su vida porque aún podía escribir. Pero fue cuando perdió la capacidad de leer y escribir que Montaner sintió que su vida había perdido sentido y en su carta reflexiona: «Mi vida diaria, en la que la lectura, la escritura y la expresión oral han sido mis señas de identidad, se borran de un día para otro y desde hace un tiempo, mi cuerpo tampoco me acompaña».

Llegó a España en octubre de 2022, y con la asesoría de la Asociación de Derecho a Morir Dignamente (DMD), solicitó a las autoridades españolas que se le permitiera ejercer su derecho a la eutanasia. Luego de una primera petición rechazada, el derecho le fue otorgado después de una segunda solicitud.

**La eutanasia es una opción para quienes creen en ella, para quienes se asustan ante ella, pero también para quienes se sienten repugnados por ella.**

Cuenta su hija Gina Montaner que, después de haber escogido la fecha de su muerte, dos médicas de la Sanidad Pública, acompañadas de enfermeras, todas sin objeción a la práctica, se presentaron a su casa, y luego de explicarle detalladamente a él y a su familia el procedimiento que iban a realizar, procedieron a sedarlo y le inyectaron luego una dosis letal del barbitúrico pentotal sódico, el que —según el relato de Gina— lo llevó a una muerte muy rápida, dulce y rodeado de su familia.

En su carta póstuma, Montaner enuncia que «vivir es un derecho, no una obligación», citando a Ramón Sampedro, un español que luchó por el derecho a la eutanasia en España luego de haber quedado tetrapléjico tras un accidente en la playa.

Finalmente, dando una muestra del humor extraordinario que lo caracterizó en vida, cuenta que, al estar preparando su mudanza de Miami a Madrid, un vecino le pregunta: «Don Carlos, ¿regresa a vivir a España?». «No —le responde Montaner—, me voy a morir a España», y siguió su camino.

El tema de decidir cómo se quiere morir es muy complejo y no está libre de profundas consideraciones personales, morales, éticas y religiosas. Estamos seguros, amable lector, que usted tiene sus propias ideas acerca de cómo quisiera morir si se enfrentara a una enfermedad crónica y terminal. Para muchos de ustedes la vida es sagrada y debe respetarse sin ninguna excepción, y el sufrimiento de la agonía debe aceptarse con entereza como un designio de Dios. Para muchos otros, los derechos de los que gozamos estando vivos, deben ser también extendidos para decidir el momento y el tipo de muerte que se desea tener y es muy importante que las personas puedan escoger el modo en que quisieran morir.

¿Dónde está el punto medio? ¿Existe algún margen de acuerdo, algún acuerdo que pueda reconciliar posiciones tan antagónicas?

La historia nos ha enseñado que cuando se tienen posiciones extremas con respecto a algún importante asunto social —lo cual ocurre muy frecuentemente—, la humanidad busca siempre el beneficio del punto medio a través de leyes y regulaciones, ya que intentar que todos se rijan por las convicciones de un solo grupo no son conducentes a que una sociedad viva en armonía. Disponer de dispositivos legales para que las personas ejerzan su derecho de decidir el modo en que desean morir es importante para mantener esta armonía.

Capítulo 6

# Dejar todo dispuesto antes de morir

Hace un tiempo leí, en un diario de circulación nacional en el Perú, un titular que me impactó: «¿Cómo saber si un familiar fallecido tenía ahorros en bancos o aportes en el Fondo de Pensiones?».

Trataba de imaginarme a los deudos de un fallecido, en pleno sufrimiento por el duelo, tratando de averiguar si el difunto tenía algún dinero en el fondo de pensiones. Al leer el texto del artículo, se veía que el trámite era engorroso: había que presentar el certificado de defunción, el testamento o una sucesión intestada o declaratoria de herederos y esperar un tiempo para tener la información. Y si el fallecido no dejó testamento o el proceso para obtener la declaratoria de herederos es largo y complejo, ¿significa eso que la familia no tendrá acceso al fondo de pensiones?

Pensé en cuánto tiempo y sufrimiento les hubiera ahorrado el fallecido a sus familiares si les hubiese informado el estado de sus finanzas y otros asuntos personales en un cierto documento de fácil acceso y lectura.

¿Qué pasaría con nuestros asuntos personales si se diera el caso de que —y nadie está libre de que eso ocurra— suframos un accidente y muramos súbitamente? ¿Qué pasaría con nuestros datos, audios y fotos almacenados en nuestros teléfonos celulares? ¿Sabría nuestra familia cómo acceder al dinero acumulado en una antigua cuenta bancaria que se mantiene separada o ese dinero se perdería? ¿Sabe algún miembro de la familia la contraseña de la computadora y el teléfono celular que usamos? ¿Quiénes heredarían nuestras pertenencias y objetos preciados? ¿Nuestros deudos podrían acceder fácilmente a nuestros beneficios de jubilación o les sería muy difícil hacerlo por falta de información?

Lamentablemente, esa situación es muy frecuente, y cuando una muerte súbita ocurre, además de sufrir el duelo por la pérdida del familiar fallecido, los deudos deben invertir mucho tiempo y recursos en encontrar respuesta a asuntos que se debieron haber previsto en su momento. Muchos hubieran deseado que el familiar fallecido hubiera ordenado mejor sus cosas y hubiera dado órdenes precisas para que su voluntad sea cumplida. Ahora les toca a ellos decidir por el difunto.

Claro está que uno nunca sabe cuándo puede sobrevenir una muerte súbita, por lo tanto, estar preparado para esa situación es prácticamente imposible. Sin embargo, eso no es excusa para que a cualquier edad reflexionemos sobre la necesidad de tener ciertas cosas organizadas y tener listo un *libro de disposiciones.*

Si una persona sufre de una enfermedad incurable y terminal, es importante que deje sus cosas en orden para que la familia, en pleno duelo, no pase por el difícil trance de decidir por el fallecido.

En este capítulo revisaremos cuáles son los asuntos que debemos tener ordenados y dispuestos para asegurarnos de que la disposición de nuestros bienes sea cumplida en todo momento de acuerdo con nuestra voluntad. Hay que notar que estos mismos lineamientos pueden ser útiles después de algún evento de salud que deje a la persona incapacitada para comunicarse.

## CONSEJOS GENERALES PARA DEJAR TODO DISPUESTO ANTES DE LA MUERTE

1. Recomendamos hacer un archivo que contenga los documentos necesarios para su familia y guardarlo en un escritorio o cajón de una cómoda, organizando la información y la ubicación de los papeles en un cuaderno de notas. Para mayor seguridad, podrían considerar el adquirir una caja fuerte resistente a incendios e impermeable para guardar el libro y los documentos. Si los documentos están en una caja de seguridad del banco, se aconseja guardar copias en un archivo en casa.

2. Es muy importante que le digan a una persona en quien confía o a un abogado en dónde encontrar sus documentos importantes. No es necesario que le revelen el contenido, sino que sepan dónde encontrar los documentos en caso de una emergencia. Si no tienen un familiar o amigo en quien confíen, pídanle ayuda a un abogado.

3. Si tienen un cuidador permanente, pueden darle permiso por adelantado para que hable con sus médicos, abogado, proveedor de seguros, compañía de tarjetas de crédito o banco. Es posible que, con su permiso, pueda firmar y devolver un formulario. El permiso que obtiene este cuidador para hablar con su médico o abogado es diferente del nombramiento de un «representante» o «apoderado» para la atención médica. El representante para la atención médica solo puede tomar decisiones cuando el paciente es incapaz de comunicarse.

4. Dependiendo de su situación, pueden usar un testamento, un poder notarial duradero para las finanzas y un fideicomiso en vida.

El *testamento* especifica cómo se distribuirá y administrará su patrimonio (propiedades, dinero y otros activos) cuando muera. El testamento también puede disponer el cuidado de niños menores de dieciocho años, de adultos dependientes y mascotas, así como expresar el deseo de ser enterrado o cremado. Dependiendo del país en que viva, de no tener un testamento escrito, puede que su patrimonio se distribuya de acuerdo con las leyes locales y, lo peor de todo, puede que desencadene desagradables conflictos entre sus descendientes.

El *poder notarial duradero para finanzas* nombra a una persona para sea la que tome decisiones financieras en caso de que usted no pueda hacerlo.

El *fideicomiso en vida* nombra y faculta a una persona, llamada *fideicomisario,* para que tome posesión y distribuya sus propiedades y fondos en su nombre cuando usted ya no pueda administrar sus asuntos.

El *testamento vital,* tal como fue descrito en el capítulo cuarto, es un documento legal que brinda instrucciones precisas para el tipo de atención médica que se desea recibir y solo entra en vigor cuando la persona que la firma no puede comunicar sus propios deseos debido a una grave enfermedad o lesión severa.

Además del testamento vital, puede redactar un *poder notarial duradero para la atención médica,* el cual nombra a una persona para que sea su apoderado para la atención médica, es decir, una persona que puede tomar decisiones de atención médica cuando usted no pueda hacerlo por sí mismo. Este apoderado, también conocido como *representante, sustituto* o *agente,* debe estar familiarizado con sus valores y deseos.

5. Revisen sus planes con regularidad. Sobre todo, cuando dejen disposiciones por escrito para el

caso de una muerte súbita, es importante revisar sus planes cada cierto tiempo, para cambiar las disposiciones cuando ocurra algún acontecimiento importante en su vida, como un divorcio, una mudanza o un cambio importante en su salud. Incluso las disposiciones que se dejan al estar sufriendo una enfermedad crónica y terminal pueden ser actualizadas cada pocas semanas o días. El libro de disposiciones es un documento dinámico y que debe mantenerse al día.

## EL LIBRO DE DISPOSICIONES FINALES

### ¿A quién pertenece este libro?

La primera parte del cuaderno de notas, y en aras de la seriedad de un hecho tan importante, debe registrar los datos de identificación completos de la persona a quien pertenece. El nombre legal, lugar de nacimiento, dirección de la casa y del trabajo, número de casilla postal (si se tuviera), número de teléfono de casa, trabajo y celular, número de fax y número del documento de identidad y su localización. También deben registrarse la ocupación, el estado marital legal actual, el nombre del esposo(a) o compañero(a) actual y anteriores (en caso de divorcios), el nombre completo de los hijos que se han tenido durante el actual y previos matrimonios y el nombre de los hijos que se han tenido fuera del matrimonio, el nombre de los nietos, hermanos y hermanas, y el nombre de los padres y su lugar de nacimiento.

En esta sección debe registrarse también información acerca de la condición médica de la persona, el nombre y teléfono del médico de cabecera, los deseos de ser o no revivido en caso de un paro cardiaco, los deseos de ser un donante de órganos, el tipo de sangre, las condiciones médicas más importantes, lista de medicamentos que se toman, e información acerca de los seguros médicos que se tienen, especificando el lugar exacto en el que se encuentra la tarjeta del seguro médico y el hospital al que preferiría ser llevado en caso de emergencia.

No es mala idea incluir aquí una lista de las cosas del hogar que deben ser cuidadas en caso de que uno quede súbitamente invalidado, tales como el gas, las mascotas, el correo, la llave general del agua, entre otras.

### ¿Aparte de mi familia, qué personas deben ser contactadas inmediatamente después de mi muerte?

En esta sección debe figurar el nombre, teléfono y dirección del albacea, del abogado personal, del contador, el consejero financiero, los médicos que lo atendieron durante el curso de la enfermedad, el agente de seguros y el pastor, sacerdote o rabino.

### ¿Qué familiares y amigos deben ser contactados inmediatamente después de mi muerte?

Por increíble que parezca, esta es una pregunta muy frecuente que se hacen los deudos de la persona fallecida, y sin las instrucciones dejadas por el occiso, la familia tiene que decidir a quién avisar de acuerdo con sus propios criterios. Aquí deben listarse los nombres, teléfonos y correos electrónicos de los familiares y amigos a quienes se les debe comunicar la muerte. Puede incluirse al empleador(es) y otras personas a discreción. Por supuesto, pueden listarse las personas que no deben enterarse inmediatamente de la muerte.

**¿Cómo me gustaría que sea mi funeral?**

Esta no es una pregunta mórbida, fútil o frívola. Muchas personas planifican los detalles de su funeral, pues piensan que es una excelente oportunidad para reforzar detalles de cómo desean ser recordadas. ¿Desearía que se escuche música? ¿Qué tipo de música? ¿Hay fotografías o videos que desearía que se muestren durante mi funeral? ¿Qué tipo de información debe ser incluida en el obituario? Y, por último, ¿tengo una póliza de seguro que cubra mis gastos funerarios? ¿Dónde está guardada?

**¿Cuáles son y dónde se encuentran mis documentos más importantes?**

Esta es una importante fuente de información para la familia después del deceso. Es muy importante guardar sus papeles importantes y copias de documentos legales en un solo lugar y de fácil acceso. ¿Dónde está y cuántas copias existen del testamento? ¿Dónde está y cuántas copias existen de mi testamento vital? ¿Dónde están y cuáles son los números del documento de identidad personal, licencia de conducir y pasaporte? ¿Tengo copias de papel o electrónicas de mis partidas de nacimiento, matrimonio y los papeles del divorcio? Si es así, ¿dónde está mi computadora y cuál es el usuario y la contraseña?

## ¿Dónde se encuentra mi información financiera, incluyendo tarjetas bancarias y de crédito?

Esta es generalmente la lista más extensa y está de más decir que esta es una información muy importante para los deudos, y el tener acceso inmediato a estos datos evita muchos largos tramites y pérdida de tiempo. Si posee una caja fuerte, especifique su localización, llaves y clave secreta, haciendo una lista de su contenido.

Aquí debe figurar el nombre, teléfono, dirección y correo electrónico de la persona que mediante el *poder notarial duradero para finanzas* ha nombrado para que tome decisiones financieras en caso de que usted no pueda hacerlo.

También debe figurar la información sobre las cuentas bancarias que posee, incluyendo el nombre del banco, número de la cuenta y el nombre de usuario y contraseña del portal electrónico del banco o bancos si tiene varias cuentas bancarias.

Del mismo modo, el cuaderno debe registrar la información de cada tarjeta de crédito que posee, incluyendo el nombre, número de cuenta, y el nombre y contraseña del portal electrónico de la compañía de tarjeta de crédito. Si posee otro tipo de tarjetas (almacenes comerciales, supermercados, tiendas en línea, cuentas de millas de viajero) deben ser también incluidas.

Si tiene portafolios de inversiones, debe figurar el tipo de pólizas, además del nombre y teléfono de su agente. Es también buena idea dejar por escrito una lista de las deudas que se tienen, por ejemplo, hipotecas, préstamos comerciales o inmobiliarios, préstamos educativos, préstamos de compra de vehículos, entre otros.

Si posee un negocio, es muy probable que sus contadores y gerentes puedan responder las preguntas relacionadas con el estado financiero de la compañía, pero si se trata de un negocio pequeño, es probable que ayude mucho a los deudos a conocer el nombre, dirección y teléfono de la persona responsable, así como una breve descripción del tipo de negocio e incluir información sobre el nombre del banco, número de la cuenta y el nombre de usuario y contraseña del portal electrónico del banco o bancos si el negocio tiene varias cuentas bancarias. Siempre es importante también dejar una lista de las personas u organizaciones que nos deben dinero.

El cuaderno debe incluir información sobre beneficios de jubilación, especificando el número de cuenta y la cantidad de dinero que recibe, haciendo un listado de otros beneficios de seguridad social.

Si posee seguros de vida y discapacidad, especifique el nombre de la compañía, el número y localización de la póliza, así como el nombre, número de teléfono y correo electrónico de su agente de seguros. Lo mismo debe hacer con los seguros médicos que posea.

Si tiene una casa propia, escriba la dirección exacta, con el nombre del copropietario, la localización de los documentos de propiedad, seguro, y llaves duplicadas. Lo mismo debe hacerse si posee una segunda casa de vacaciones. Si tiene otras propiedades en bienes raíces, debe hacer una lista de cada una de ellas, con su dirección completa, localización de los documentos de propiedad; y si las está alquilando, especificar dónde se encuentran los contratos de alquiler y el nombre, dirección, correos electrónicos y teléfono de los administradores de esas propiedades de alquiler.

Si posee automóviles, botes u otros vehículos, haga una lista de ellos, describiendo sus características y especificando dónde se encuentran los títulos de propiedad y llaves duplicadas.

### ¿Qué pasará con mis mascotas?

Este es un tema aparentemente trivial, pero es muy importante pensar en el destino de nuestros animales, compañeros de vida. Hacer una lista de su información, especificando el nombre de su veterinario. En este punto es importante disponer a quién le encargaremos el cuidado de nuestra mascota, especificando el nombre, correo electrónico y teléfono de esa persona y los cuidados especiales que el animal pueda necesitar.

### ¿Existen pagos o cuentas que deban cerrarse inmediatamente después de mi muerte?

Las compañías de tarjetas de crédito, almacenes de compra o tiendas en línea nunca se enterarán de nuestra muerte y es posible que sigan generando comunicaciones después de nuestro fallecimiento. Teniendo la lista de tarjetas de crédito, almacenes y tiendas en línea, registradas en la sección seis, será fácil cancelarlas. Este acápite incluye también la cancelación del número de teléfono celular y otras cuentas de pago automático que se puedan tener. Para eso es importante listar el nombre de la compañía de teléfono y de las cuentas comerciales electrónicas que se posean.

Si está suscrito a diarios, revistas y otras publicaciones, ya sea de papel o electrónicas, están deben también ser canceladas, para lo cual es importante tener una lista con el contacto respectivo y nombre de usuario y contraseñas electrónicas.

Si pertenece a algún club que implica pago de membresías mensuales o anuales, es importante cancelarlas.

## ¿Qué pasará con mis correos electrónicos y mis cuentas en los medios sociales?

En esta época de vida cibernética, muchas de las actividades que antaño hacíamos en persona, tales como comprar, ir a la oficina de un banco o al correo, e incluso ir al cine, ahora se hacen a través de internet. Se calcula que una persona promedio tiene setenta a ochenta contraseñas que usa para acceder a más de un correo electrónico, tiendas en línea, medios sociales, membresías de clubes deportivos, compra electrónica de boletos, portales de entretenimiento como Netflix, Hulu, Apple TV, etc., e incluso páginas de internet personales.

Para asegurarnos de que esas múltiples cuentas no queden abandonadas luego de la muerte, es importante planificar cómo vamos a disponer de ellas.

Una opción es escribir en el cuaderno el nombre de la cuenta, y el nombre del usuario y contraseña para cada uno de los correos electrónicos que tenemos, esperando que algún miembro de la familia los cierre. Obviamente, si no se desea que los correos electrónicos sean vistos, se pueden borrar estando en vida, o abandonar la cuenta y dejar que el correo electrónico sea cerrado por el proveedor por falta de uso.

Con relación a las cuentas de compras, es importante tener cuidado de pagar las cuentas pendientes, evitando futuros cobros sorpresa a la familia.

**¿Quiénes saben que he escrito este libro sobre mis cosas y mis últimos deseos?**

Es aconsejable listar el nombre, teléfono y correo electrónico de las personas que saben que la información del libro ha sido recopilada.

**¿Cuáles son mis últimas palabras?**

Este es el lugar en donde pueden expresarse los últimos pensamientos y deseos de la persona. Quizás reflexiones finales que queden escritas para el recuerdo de la familia y lecciones de vida para los que quedan.

Quizás para algunos recopilar de forma escrita toda la información sugerida en este capítulo pueda parecer algo ridículo, frívolo, fuera de lugar o incluso peligroso, pero todos aquellos que hemos pasado por el momento de poner en orden las cosas que nuestros seres queridos fallecidos dejaron sabemos lo importante que es dejar las cosas organizadas.

«Nadie tiene la vida comprada», decían las abuelas. Y eso es cierto. Quienes tengan una enfermedad crónica y terminal deben esforzarse en dejar sus cosas en orden. Para los demás, no es necesario hacerlo, pero es posible que, sin llegar al extremo de obsesionarse, dejemos las cosas en orden.

Capítulo 7

# La vida continúa

Aunque hasta ahora nos hemos centrado en la muerte como un fenómeno biológico y en la persona que muere o está en trance de morir, ¿qué hay de la familia y los amigos que quedan después de la muerte del ser querido? ¿Cómo se recuperan? ¿Cómo superan los sentimientos negativos que se originan tras el fallecimiento? ¿Es posible recuperarse del duelo?

En este capítulo examinaremos los cambios emocionales que ocurren cuando perdemos a un amigo o familiar y profundizaremos en cómo manejarlos para navegar de la mejor manera posible el proceso del duelo.

Aunque hemos definido el *duelo* o *pérdida* como el fallecimiento de un ser querido, el concepto de duelo puede ser mucho más amplio y puede darse por situaciones como la muerte de una mascota, un divorcio, perder una vieja amistad, mudarse de casa o desplazarse a otra región o país, cambiar de trabajo o carrera, entre muchas otras. Desde el punto de vista psicológico, el duelo es el conjunto de reacciones emocionales de una persona ante una pérdida, sea de una persona o de algo muy importante para ella.

## ETAPAS DEL DUELO

La doctora suizo-estadounidense Elisabeth Kübler-Ross es considerada la pionera en los estudios relacionados con el duelo y la muerte. En 1969 publicó el libro *Sobre la muerte y el morir (On death and dying)*, una obra esencial para entender este tema. Ella pensaba que, debido a que la muerte es una etapa necesaria de la vida, uno debe estar preparado para afrontarla con dignidad y paz. En su libro, la Dra. Kübler-Ross dice que, enfrentados al duelo, los seres humanos atravesamos cinco etapas en el camino a la recuperación: la negación, la ira, la negociación, la depresión y la aceptación. Cabe notar que no todas las personas sufren y pasan por estas cinco etapas del duelo, ni que siempre ocurren en este orden específico. El duelo, como toda actividad humana, es un evento muy personal. Ahora, veamos cómo se presentan.

- **Negación.** Al ocurrir una pérdida, la persona afectada se imagina de inmediato lo negativa que será la vida sin la persona amada. Como mecanismo de defensa, desarrolla temporalmente una realidad alternativa en la que no reconoce lo sucedido y en la que pretende vivir la realidad que desearía. Es común en esta etapa escuchar a la persona en *shock* decir cosas como: «No creo que eso haya pasado» o «Hasta que no lo vea no lo creo». Al negar o dudar del evento que le causa el duelo, la persona gana tiempo con el fin de recuperarse y aceptar la realidad, por lo que, curiosamente, la negación le ayuda a afrontar y sobrevivir temporalmente el duelo.

Debido a que la negación, por lo general, es un proceso corto, de contención de sentimientos negativos, la persona afectada eventualmente empieza a aceptar la realidad y empieza a presentar los síntomas causados por la pérdida.

• **Ira.** Una vez que acepta la realidad de lo sucedido, y después de haber amortiguado el choque inicial de la muerte con el proceso de negación, y confrontada con la frustración de que la muerte es irreversible y no hay solución posible, la persona entra en una etapa fuerte de expresión de sentimientos negativos. Se cuestiona lo sucedido y desarrolla sentimientos de cólera e ira, que usualmente dirige contra sí misma, contra las personas que la rodean e incluso contra la persona fallecida, tratando de señalar un culpable o culpables a lo sucedido. No es raro que, en esta etapa, incluso personas de intensa fe religiosa cuestionen su creencia en Dios, diciendo: «¿Dónde está Dios?», «¿Por qué no me protegió?», «¿Por qué permitió que esto sucediera?».

La ira se presenta con frases como «¡La vida no es justa!», «¿Qué he hecho yo para merecer esto?», «¡Hubiera preferido morir yo y no mi hijo!», «¿Por qué no hice lo necesario cuando pude hacerlo?», que reflejan la necesidad de la persona de adaptarse a la nueva realidad. Muchos expertos propugnan que estos sentimientos negativos no deben ser suprimidos, porque ayudan a la persona a aceptar la nueva realidad.

- **Negociación.** En esta etapa, la persona en duelo recurre a su fantasía para lidiar con la realidad de la pérdida. No es raro que empiece a pensar en los interminables «si hubiera...» que en su pensamiento pudieron haber prevenido la muerte del ser querido. Algunos ejemplos de esto son: «Si hubiera salido cinco minutos antes, el accidente no habría ocurrido», «Si se hubiera hecho la prueba del cáncer, la enfermedad habría sido detectada a tiempo», «Si no le hubiera comprado el carro, no habría tenido el accidente». También es común que, en esta etapa, la persona trate de negociar con Dios, prometiendo que, si le concede una rápida resignación ante la pérdida, va a hacer algo importante a cambio.

- **Depresión.** En esta etapa, el deudo, ante la intensidad de la pérdida, se sumerge en una profunda tristeza y sensación de vacío. Llora continuamente, desarrolla problemas de apetito y sueño y su relación con los demás se ve afectada. La persona se siente abrumada, arrepentida y sola, y puede aislarse y tener pensamientos suicidas. Este tipo de depresión, también llamada *depresión reactiva,* es diferente de la depresión clínica que ocurre en situaciones no relacionadas con el duelo.

- **Aceptación.** Esta etapa es fundamental para que el deudo pueda regresar a la vida anterior al fallecimiento del ser querido. La aceptación no solo implica decir «reconozco que mi hijo murió», sino decir «mi hijo murió, lo siento mucho, pero mi vida va a continuar por mi bien y el de mis otros hijos». En otras palabras, aceptar no significa, como se dice popularmente, «pasar la página» o «borrón y cuenta nueva», sino aprender a interiorizar la pérdida y reconocerla como parte de una nueva realidad; ser consciente de que ocurrió y que la vida debe continuar lo más parecida posible a la que se tenía antes de la pérdida.

Si se enfrenta adecuadamente, durante la etapa de aceptación se sale de la niebla de las etapas anteriores y la persona comienza a relacionarse nuevamente con amigos a quienes había dejado de ver y puede que incluso establezca nuevas relaciones y pruebe nuevas actividades a medida que pasa el tiempo. También en esta etapa, el deudo es consciente de que el ser querido nunca podrá ser reemplazado, pero desea avanzar hacia una realidad de crecimiento y evolución que lo guíe a una nueva vida. Generalmente la persona busca un motivo para avanzar en la nueva vida de aceptación y resignación, que por lo general son los hijos, otros familiares o actividades emocionalmente gratificantes.

**Como toda experiencia humana, no es posible definir una manera normal o anormal de llevar el duelo.**

## TIPOS DE DUELO

Como toda experiencia humana, no todas las personas re-accionan de igual modo ante una pérdida, de tal modo que no es posible definir una manera normal o anormal de lle-var el duelo. En ese sentido, veamos a continuación algunas de las formas más frecuentes que tienen los seres huma-nos de reaccionar ante una pérdida.

### El duelo normal o común

Este tipo de duelo es experimentado por el 50 % al 85 % de las personas. Durante este, la persona sufre mucho, y transita por todas o algunas de las etapas antes descritas. Lo característico es que, mientras está de duelo, es capaz de continuar con sus rutinas de vida, yendo a trabajar y cuidando de sus asuntos personales. La etapa más inten-sa del duelo dura, por lo general, seis meses, tiempo des-pués del cual la persona empieza a entender la pérdida y está completamente recuperada en uno o máximo, dos años después.

### El duelo anticipado

María se acaba de enterar de que su querido padre, su com-pañero de toda la vida y su persona favorita en el mundo ha sido diagnosticado de cáncer de páncreas. María averi-gua el grave pronóstico de la enfermedad y sabe que pron-to lo perderá. Eso la hunde en profundos sentimientos de depresión, pensando continuamente en lo triste que será su vida cuando su padre fallezca, sintiendo profunda triste-za y ansiedad, adelantándose al sufrimiento que ella piensa le espera a su padre por el avance de la enfermedad. María está sufriendo de duelo anticipado, una modalidad del duelo en el que la persona empieza a sufrir desde antes de que ocurra la pérdida del ser querido. Lo positivo de este tipo de duelo es que puede motivar a la persona a prepararse para la muerte del ser querido, cerrando muchos asuntos pendientes.

Es importante saber que el hecho de presentar el duelo anticipado no significa que cuando suceda la pérdida, la persona ya no tendrá duelo. Al revés, el duelo anticipatorio no es más que un prolegómeno al verdadero duelo, el que empezará cuando el ser querido muera.

## El duelo complicado

También llamado *duelo patológico,* este tipo de duelo se sale de la norma observada durante el duelo común y origina síntomas intensos y de larga duración que alteran la vida diaria de la persona afectada. Ocurre en aproximadamente 7 % de personas en duelo y es más común cuando la muerte del ser querido es súbita y traumática.

Algunos de los síntomas más comunes del duelo complicado incluyen pensar todo el tiempo en la persona que ha muerto, tener recuerdos muy intensos del difunto, experimentar constantes imágenes o pensamientos intrusivos relacionados con el fallecido, rebelarse ante la realidad de la muerte, sentir que no vale la pena vivir sin la persona que murió o sentir intensa culpa por las cosas que se dijeron o se hicieron antes de la muerte. Muchas veces se descuida el trabajo, la apariencia y la higiene personal, se tienen pensamientos o acciones suicidas o se incurre en comportamientos imprudentes.

Dependiendo de la personalidad de la persona afectada, el duelo complicado puede adoptar variedades tales como el duelo crónico, el duelo ausente o el duelo retardado.

- En el *duelo crónico,* la persona no se recupera después del sexto mes del fallecimiento del ser querido y los síntomas pueden persistir más allá de los dos años después de la pérdida. Sufre síntomas de depresión, estrés postraumático o desorden de ansiedad generalizada. En este tipo de duelo, es muy importante la ayuda de un profesional de la salud.

- En el *duelo ausente,* la persona no parece presentar manifestaciones de duelo después de la pérdida del ser querido. Se muestra ausente, distraída y no demuestra sus emociones. Se piensa que este tipo de duelo puede representar un mecanismo de defensa para que el deudo evite mostrar la verdadera profundidad de sus emociones. El problema es que muchas personas con duelo ausente se sienten mal por no saber expresar sus emociones, por lo que se recomienda buscar ayuda con un profesional de salud mental.

- En el *duelo retardado,* y por extraño que parezca, el duelo ocurre semanas, meses o años después de la pérdida. La persona afectada pudo haber tenido un duelo común o un duelo ausente, pero el hecho es que tiempo después empieza a presentar síntomas de depresión que llaman la atención, pues el resto de la familia ya ha superado el duelo. Por supuesto, dependiendo de la intensidad de los síntomas y de la interferencia con la vida diaria, es recomendable que la persona afectada busque ayuda profesional.

## CUESTIONARIO ABREVIADO DEL DUELO COMPLICADO

Investigadores de la Universidad de Pittsburgh desarrollaron un breve cuestionario de cinco preguntas para evaluar la posibilidad de que una persona pueda estar pasando por un duelo complicado. Un resultado de 4 puntos o más en el cuestionario puede indicar esa posibilidad y la necesidad de una consulta con un profesional de salud mental.

Llene los espacios en blanco con el nombre de la persona fallecida y escojan el número que mejor represente su estado actual.

1. ¿Cuánto le cuesta aceptar la muerte de _____.
   **Nada** ____ 0  **Algo** ____ 1  **Mucho** ____ 2

2. ¿En qué medida interfiere su pena (extrañar y tristeza) con su vida?
   **Nada** ____ 0  **Algo** ____ 1  **Mucho** ____ 2

3. ¿Cuan frecuentemente tiene imágenes o pensamientos de _____ al momento de morir u otras imágenes o pensamientos de _____ que realmente le afectan?
   **Nada** ____ 0  **Algo** ____ 1  **Mucho** ____ 2

4. ¿Hay cosas que solía hacer cuando _____ estaba vivo (como ir a algún lugar al que iban juntos o hacer cosas que solían disfrutar juntos) y que ahora evita porque le causan incomodidad? ¿Evita mirar fotografías o hablar de _____ ? ¿Con qué frecuencia evita esos momentos?

**Nada** ___ 0   **Algo** ___ 1   **Mucho** ___ 2

5. ¿Hasta qué punto se siente aislado o distante de otras personas desde que _____ murió, incluso de personas cercanas como familiares o amigos?

**Nada** ___ 0   **Algo** ___ 1   **Mucho** ___ 2

Recuerde que este es un cuestionario que no tiene valor diagnóstico, pero que puede ayudarlo a buscar ayuda especializada.

## El duelo inhibido

Ocurre cuando el deudo no está triste, no llora ni expresa sentimientos normalmente asociados al duelo. La persona justifica esa falta de emociones diciendo que tiene mucho trabajo o muchas cosas que hacer, o que está tan ocupada que no tiene tiempo para pensar en la muerte del familiar. Al no expresar de manera normal sus sentimientos, es propensa a presentar síntomas de ansiedad, tales como insomnio severo y ataques de pánico.

## El duelo escondido

Se presenta cuando la pérdida puede no ser socialmente aceptada, y existe el temor de poder ser criticado si el duelo se expresa. Eso puede ocurrir, por ejemplo, después de un aborto espontáneo o al sufrir un parto prematuro. En esas circunstancias, mucha gente podrá entender la pérdida, pero no considerará adecuado mostrar un duelo tan intenso por un bebé que no nació. El duelo escondido puede ocurrir también después de la muerte de una mascota, una situación que lamentablemente no es entendida por muchas personas que consideran ridículo que alguien pueda sentir tanto afecto por un animal. En todo caso, si se sufre de un duelo escondido, y este interfiere con las rutinas diarias, debe buscarse ayuda profesional.

## SÍNTOMAS MÁS COMUNES DURANTE EL DUELO

Sabiendo que el duelo es una experiencia muy personal, y dependiendo del tipo que sufra y la etapa en que se encuentre la persona, la frecuencia e intensidad de los síntomas asociados al duelo también pueden variar.

Los síntomas del duelo pueden afectar la salud física, mental, social y espiritual de una persona y, según su frecuencia e intensidad, llegar a ser incapacitantes. Algunos de los síntomas más comunes del duelo son llanto constante e incontenible, dolor de cabeza constante, insomnio, dificultad para conciliar el sueño o deseos de querer dormir todo el tiempo. También se presentan ideas recurrentes acerca del propósito de la vida y cuestionamientos sobre si vale la

pena seguir viviendo sin la persona querida. En la misma
línea, muchas personas dudan de sus creencias espirituales
(por ejemplo, su creencia en Dios) y se sienten desprotegi-
das, mientras que otras tienen sentimientos de desapego a
la familia y a los amigos, de quienes llegan a aislarse.

Otras personas presentan comportamientos como inten-
sa preocupación, ansiedad, enojo o frustración ante los menores obstáculos de la vida diaria y muestran diversos grados
de sentimiento de culpa por la pérdida del ser querido.

Es importante saber que otros síntomas generales,
como fatiga y pérdida de apetito, pueden confundirse con
enfermedades físicas, motivando visitas continuas a los
médicos, quienes deben estar atentos a la posibilidad de
que esas molestias respondan a los aspectos psicológicos
del duelo.

## AYUDA DURANTE EL DUELO

Como se ha descrito previamente, el duelo es un fenómeno
muy complejo e individual por naturaleza. No existen dos
personas que expresen su duelo de la misma manera y por
ese motivo tampoco debe esperarse que todas las personas
expresen sus sentimientos de la misma manera.

Superar el duelo es una tarea muy dura, pero, con la
ayuda adecuada, se puede conseguir. Ya sea que estén lu-
chando por superar la pérdida de un ser querido o que
deseen ayudar a alguien que esté pasando por el duelo, a
continuación les presentamos algunos consejos básicos de
ayuda.

En primer lugar, es muy importante entender que las creencias y tradiciones culturales pueden influir en la forma en que alguien expresa su dolor y su duelo. Por ejemplo, en algunas culturas, el duelo se expresa en voz baja y en privado, mientras que, en otras, la norma social es que el duelo sea expresado de manera ruidosa y muy abierta. Al respecto, en algunos países de América Latina y en España, se solía contratar a las *plañideras,* mujeres que lloraban ruidosamente en los funerales a cambio de un pago.

Del mismo modo, la cultura también determina las características y la duración de los signos de duelo de los miembros de una familia, ya sea a través de la vestimenta de luto, el color de esta o el reinicio de sus interacciones sociales. Cada persona y cada familia son diferentes, por lo que, como miembros de la sociedad, debemos ser muy respetuosos de la manera en que las personas y las familias expresan su duelo.

## ¿CÓMO SUPERAR EL DUELO?

Para cualquier lector que haya perdido recientemente a un ser querido y esté pasando por el proceso de duelo, los siguientes consejos pueden resultarle útiles.

En primer lugar, es preciso saber que no hay nada negativo en expresar abiertamente sus sentimientos. Es normal sentir dolor, tristeza y otras emociones aparentemente negativas ante el duelo. Llore abiertamente o exprese sus sentimientos de duelo de la mejor manera que considere.

Cada persona expresa sus emociones de una manera diferente, por lo tanto, encuentre la suya y exprésela.

## Es normal sentir dolor, tristeza y otras emociones aparentemente negativas ante el duelo.

Por ejemplo, algunas personas buscan compartir sus sentimientos con amigos o familiares de confianza, mientras que otras encuentran que pueden expresar mejor sus estados de ánimo a través del arte, la música, el ejercicio o la lectura. En lo que sí existe consenso es que debe evitar el alcohol, las drogas o el tabaco como medios de evadir la realidad del duelo. También es recomendable que escriba un diario que lo ayude a expresar y superar sus emociones durante el duelo. Plasmar por escrito lo que se siente puede ser de mucho alivio.

La recuperación del daño emocional producido por una pérdida puede demorar algún tiempo, tomando en ocasiones meses o años. Hay que ser paciente, dándole tiempo al tiempo, como suele decirse. Cada persona tiene su ritmo de recuperación y no es aconsejable compararse con otras personas que pudieron haber superado el duelo con más rapidez. No compare su dolor y sus sentimientos con el dolor y sentimientos de otras personas, ni siquiera con el de sus hermanos. Cada persona tiene su manera única de afrontar el duelo.

Evite recriminarse por algo que hizo o no hizo mientras su ser querido estaba vivo. Esto puede causarle profundos sentimientos de culpa y arrepentimiento, los que a su vez podrán retrasar la superación del duelo. Perdónese por todas las cosas que hizo, no hizo o las cosas que dijo o no dijo en el pasado. El ayer y el mañana son días que no existen; perdónese a sí mismo y a los demás y esto lo ayudará a sanar y a vivir plenamente el presente.

Trate de mantener sus rutinas de vida lo más cercanas a las que tenía antes de la pérdida. Eso incluye no realizar ningún cambio importante (por ejemplo, mudarse, cambiar de trabajo, cambiar relaciones personales) durante el primer año del duelo. Uno de los efectos más nocivos del duelo es la interferencia de nuestros sentimientos negativos con nuestras rutinas diarias, incluyendo el trabajo y los momentos de esparcimiento, lo cual prolonga la duración de los sentimientos negativos.

Regrese lo más pronto posible a las rutinas que tenía antes de la pérdida, buscando formas de distraerse, de preferencia fuera de la casa. Ir al cine, cenar, asistir a algún espectáculo deportivo, leer, escuchar música o simplemente salir a caminar pueden ayudar.

No descuide su salud corporal. Recuerde que nuestra salud mental está íntimamente ligada a la salud física, por lo que durante el proceso del duelo es importante hacer un esfuerzo para alimentarse saludablemente, evitando comer en exceso como modo de controlar la ansiedad, hacer por lo menos una hora de actividad física diaria y permitirse realizar actividades que le resulten relajantes, tales como baños calientes, siestas o buscar algunas que pueda efectuar al aire libre.

No caiga en la trampa de consumir alguna sustancia (generalmente alcohol u otras drogas) con la excusa de que lo ayudan a «olvidar o aliviar el dolor». El consumo de estas sustancias no hará que sus emociones negativas desaparezcan; lo único que logrará es adormecerlo mientras dure su efecto y aumentar el riesgo de desarrollar un duelo complicado. Al pasar el efecto de la sustancia, el dolor regresará con mayor saña y será muy fácil caer víctima de una adicción.

Reasuma sus actividades sociales, manteniendo las tradiciones que tenía antes de la pérdida. Una de las ideas equivocadas con respecto al duelo es que parte del «respeto del duelo» es evitar actividades familiares y públicas que impliquen algún tipo de diversión. Es muy común que una persona en duelo cancele o no asista a reuniones familiares o de amigos con la excusa de que está «respetando el duelo». Quizá al ir a reuniones le regresen fuertes sentimientos causados por la ausencia del ser querido, pero es muy posible también que, al acostumbrarse a su ausencia lo ayude a recuperar su salud mental. Planifique sus actividades y escoja con quién quiere pasar el tiempo durante esos momentos difíciles.

## ¿DÓNDE CONSEGUIR AYUDA?

Dependiendo de la severidad y duración de los síntomas, es posible que el primer nivel de ayuda provenga de los familiares y amigos. Compartir con ellos, que conocieron a la persona que falleció, en la mayoría de los casos es suficiente para ir poco a poco superando el duelo. Es recomendable también, si existe en su comunidad, que se una a *grupos de apoyo de duelo,* en los que diversas personas que están pasando por la misma experiencia se reúnen para ayudarse mutuamente y compartir información. El fundamento de los grupos de apoyo es que, al compartir abiertamente sus sentimientos de pérdida con desconocidos, el deudo ve que sus sentimientos son similares a los de otras personas, lo cual lo ayuda a considerar los propios como normales y aceptables.

Si los síntomas son intensos y afectan las rutinas diarias, es posible, como se describió anteriormente, que se esté desarrollando un duelo complicado. Para ello la ayuda de un profesional de salud mental pueda ser necesaria.

Al hablar con familiares, amigos, grupos de apoyo o especialistas en salud mental, es muy importante que la persona en duelo exprese sus sentimientos con sinceridad, compartiendo sus recuerdos y experiencias de vida con el ser querido que murió. Muchas personas creen equivocadamente que al no expresar su tristeza están protegiendo a su familia y a sus amigos. Lo cierto es que ese sufrimiento contenido puede retardar la recuperación.

## AYUDAR A ALGUIEN QUE ESTÁ EN DUELO

Seguramente le ha ocurrido alguna vez que, al momento de darle el pésame a algún amigo o familiar que acaba de perder a un ser querido, se ha sentido incómodo, las palabras se le anudaron en la garganta y no sabía qué decir. Aunque algunas consideraciones culturales puedan hacer que no sean recomendables ciertos consejos que compartiremos a continuación para aliviar el duelo de una persona, veamos algunos de ellos.

## Qué decir

Seamos claros en el lenguaje al reconocer la muerte del ser querido. No está mal usar la palabra *murió o falleció*. Por ejemplo, se puede decir: «Escuché que tu madre falleció» o «Me he enterado de que tu madre murió». Usar un lenguaje directo demuestra que estamos abiertos a hablar sobre el hecho y, lo más importante, que tenemos la intención de escuchar los sentimientos de la otra persona.

Es importante la empatía, dejando saber que uno también siente el dolor por la pérdida. Por ejemplo, se puede decir: «No sabes cómo lamento la muerte de tu madre, tú sabes cuánto la quería». Empatía es la capacidad de «ponerse en los zapatos» de la otra persona.

No ocultemos nuestros verdaderos sentimientos, incluyendo nuestro obvio nerviosismo. Se puede decir, por ejemplo: «Quiero que sepas que estoy en *shock* y me siento muy nervioso; no estoy seguro de qué decirte, pero quiero que sepas que he sentido mucho la muerte de tu madre».

La persona que está pasando por un duelo siente una profunda necesidad de expresar sus emociones. Es muy importante que le preguntemos cómo se siente y la escuchemos atentamente todo el tiempo necesario. Debemos animarla a hablar sobre sus sentimientos y a compartir recuerdos de su ser querido, pero también es importante saber que no debemos obligarla a hablar. No todo deudo está dispuesto a compartir sus sentimientos, por lo que —según

**Hay quienes creen equivocadamente que al no expresar su tristeza están protegiendo a su familia y a sus amigos.**

lo que sepamos del amigo o familiar que está de duelo— debemos mostrar mucho tacto en momentos tan delicados, ya sea solo escuchándolo o dándole palabras de consuelo.

Asimismo, escojamos con tino las palabras que usemos para consolar a la persona en duelo. Si nos limitamos a usar frases como «ya no siente dolor» o «tranquilo, ya lo superarás con el tiempo», corremos el riesgo de minimizar la muerte del ser querido. Esas frases pueden usarse, pero siempre en el contexto de aceptar con realismo la pérdida, sin olvidar que, más que escuchar nuestras palabras, el deudo necesita ser escuchado. Algunos expertos desalientan también el uso de la frase «qué fuerte eres», pues argumentan que eso lo presiona a que reprima sus sentimientos en el afán de «actuar con fortaleza».

**Qué hacer**

Tanto como palabras, la persona en duelo necesita acciones que le demuestren que estamos con ella. En ese sentido, el simple hecho de acompañarla, incluso en silencio, puede ser muy importante. Muchas veces basta con sentir la compañía de otro ser humano para sentirse mejor en esas circunstancias.

Seamos pacientes, no la obliguemos a hablar y busquemos el delicado equilibrio entre nuestros deseos de estar

## Muchas veces basta con sentir la compañía de otro ser humano para sentirse mejor en esas circunstancias.

con ella todo el tiempo y sus deseos de estar sola. Recordemos que cada persona lleva el duelo de manera diferente y puede tomar mucho tiempo recuperarse de la pérdida de un ser querido. Eso sí, asegurémonos de estar presentes en caso de que lo necesite y quiera hablar.

Al ocurrir una muerte, los acontecimientos en la vida de los deudos pueden desarrollarse de una manera muy frenética, por lo que, además de brindar apoyo emocional, es muy útil también ofrecer apoyo práctico. Por ejemplo, podemos proponerle ayudar con los recados, el cuidado de niños, las compras, las tareas del hogar, cocinar, conducir o trabajar en el jardín, entre otros. Aun así, debemos tener mucho tacto, pues a veces la persona querrá ayuda y otras, no. Si su amigo o familiar en duelo no acepta su oferta de apoyo, no es que lo esté rechazando, sino que desea estar solo en los primeros días. Sin embargo, no tenga miedo de volver a ofrecer su ayuda a medida que pase el tiempo. La recuperación puede demorar.

Es aconsejable que estemos atentos a algunas fechas importantes pero difíciles para el deudo, como el aniversario de la muerte o el cumpleaños del difunto. Es un buen gesto llamarlo y dejarle saber que llevamos en el pensamiento al difunto.

## ¿Y la familia?

Sin duda, la pérdida de un ser querido es un fenómeno que afecta a toda la familia y dependerá mucho de qué tan repentina fue la muerte.

En aquellos casos en que la muerte ocurre por una afección crónica terminal que ha causado una variedad de síntomas, y el deceso es esperado, el dolor de los deudos podrá será amenguado en parte por la resignación que se consigue al saber que el sufrimiento del ser querido ha desaparecido. Generalmente la familia transita por un duelo no complicado y es capaz de volver a su vida habitual.

Pero en aquellos casos en que la muerte ocurre de manera súbita, e independientemente de la edad del fallecido, la familia sufre un enorme *shock* emocional. El duelo que se desarrolla suele ser muy intenso y afecta profundamente la estructura y dinámica familiar. En estas circunstancias puede llegar a observarse una severa negación e incluso trastorno de estrés postraumático.

Claro está que, así como las características del duelo son muy personales, cada familia tiene también su propia manera de afrontar la muerte del ser querido, la cual estará determinada por los valores culturales y espirituales del grupo y por las relaciones previas entre los miembros de la familia. Al igual que un individuo necesita tiempo para transitar por el duelo, también se necesita tiempo para que una familia afligida se recupere.

Del mismo modo, así como es saludable que una persona exprese sus sentimientos de manera espontánea y natural, también es recomendable que las familias se permitan manifestar los suyos de manera espontánea, natural y conjunta, por ejemplo, llorando juntos para ayudarse a sobrellevar la situación. No es saludable que los integrantes de la familia oculten sus sentimientos pensando que con eso protegen a los demás. Eso puede conducir a duelos complicados.

Por último, la pérdida de un miembro de la familia significa que los roles y responsabilidades de los demás integrantes pueden cambiar, por lo que una situación que no sea bien manejada puede causar roces y desavenencias que aumenten el estrés familiar. Si se trata de una enfermedad crónica y terminal, es recomendable que los miembros de la familia planeen con anticipación los cambios que puedan ocurrir en la dinámica familiar después del fallecimiento del ser querido. En casos de muerte súbita, ese planeamiento será mucho más dificultoso y tomará mayor tiempo. Sin duda, ambas situaciones ponen a prueba la unidad de la familia y requieren enorme amabilidad, paciencia y comunicación entre sus miembros.

## ¿Y los niños?

Si ya es todo un reto hablar de la muerte y reconfortar a un adulto, hacerlo con un niño es una tarea enorme y muy difícil. Dependiendo de su edad y su desarrollo, el niño entenderá poco, nada o mucho de la muerte de un ser querido, por lo que es importante ocuparse de este tema con cierto detalle.

No está claro exactamente cuántos niños se ven afectados por la muerte de un familiar directo. Un estudio de 1979 en Estados Unidos estimó que aproximadamente el

5 % de los niños menores de 15 años pierden a uno de sus padres, proporción que se piensa que es mucho mayor en niños de grupos socioeconómicos más bajos.

Cuando ocurre una muerte en la familia, los niños absorben la ansiedad de los adultos que los rodean. Si ven que el padre, la madre y los hermanos mayores están sumidos en intensos llantos y momentos de extrema ansiedad por la muerte de un familiar, el niño pequeño se desorienta y tiende a reaccionar de la misma manera por el estrés de la situación que está viviendo.

Si el niño no recibe una explicación adecuada de la muerte del familiar, que esté adaptada a su edad y capacidad de entendimiento, el niño puede desarrollar síntomas de duelo complicado. Algunos de esos síntomas pueden incluir cambios en sus patrones de sueño o alimentación, pedir estar con la persona fallecida, perder interés en jugar con amigos, bajar las calificaciones en la escuela y no mostrar interés en actividades que antes les entusiasmaban. Puede verse también una regresión a comportamientos ya superados, como la ansiedad de separación, que consiste en querer estar constantemente con los padres y llorar desconsolado cuando no están juntos.

Para ayudar a un niño a superar el duelo, los expertos aconsejan la sinceridad y honestidad al explicarles lo sucedido, alentándolos a que hagan preguntas que puedan contestarse de acuerdo con su edad y desarrollo. No es aconsejable aventurar explicaciones sin que los niños hagan preguntas previas, pues se corre el peligro de decir cosas que puedan ser complicadas de entender por el niño.

Al igual que el adulto, el niño también reaccionará de diferente manera según su edad, su personalidad y el momento de su desarrollo emocional y cognitivo. Un error frecuente es creer que los niños son adultos pequeños, y eso no es así; ante la muerte de un familiar, los niños reaccionan de acuerdo con su edad y etapa de desarrollo.

## Cuando ocurre una muerte en la familia, los niños absorben la ansiedad de los adultos que los rodean.

Se considera que *antes de los cinco años* los niños tienen una visión del mundo muy literal y descriptiva, y carecen aún de un desarrollo lingüístico y cognitivo que le permita entender lo que es la muerte. Eso explica el que un niño pequeño, acompañado de la madre o el padre, le diga a un extraño que «mi hermanita ha muerto». En ese sentido, al explicarle a un niño la muerte de un ser querido es aconsejable usar un lenguaje muy concreto. Por ejemplo, por lo que va aprendiendo con sus juguetes o algunos aparatos electrodomésticos, un niño de esa edad puede ya entender muy bien si algo funciona o no. Ese conocimiento podría aprovecharse para hacer una analogía y decirle al niño que, al morir, el cuerpo del pariente fallecido «ha dejado de funcionar».

Otro aspecto del desarrollo a esa edad es que los niños no entienden aún que la muerte es un fenómeno definitivo y que las personas muertas no regresarán. En ese sentido, por más frustrante que sea, cada vez que el niño pregunte si el abuelo o el padre va a regresar, debe explicársele una y otra vez con mucha paciencia de que la persona *ha muerto* y no regresará. Eso es preferible a usar eufemismos como que «el abuelo se ha ido de viaje» o que «el hermanito está durmiendo». Debido a lo concreto del pensamiento de los niños pequeños, esas explicaciones pueden desencadenar temores de ir a dormir o salir de viaje. Del mismo modo, si el niño pregunta constantemente adónde ha ido el abuelo o hermano muerto, quizá sea más práctico decirle que están en el cementerio, aunque este puede ser un buen momento para transmitirle las ideas espirituales o religiosas de la familia y hablarle del cielo o del más allá.

Los niños *entre seis y diez años* ya tienen un mejor entendimiento de la realidad y también tendencia a asociar ideas. En ese sentido, pueden asociar a la muerte con esqueletos, fantasmas o animales extraños. La explicación de la muerte a niños de esa edad debe ser más precisa, incluyendo la palabra *muerte* y explicándoles que ocurre en todos los seres vivos y que es un hecho irreversible.

En general, los niños pueden seguir jugando o actuando como si nada sucediera en pleno estado de duelo. Ese comportamiento no significa que la muerte no haya causado un impacto en ellos, sino más bien es un reflejo de la capacidad cognitiva y emocional del niño a su edad.

Los *adolescentes* ya tienen un entendimiento cabal de lo que es la muerte, pero pueden tener serios problemas emocionales cuando alguien de su entorno muere, ya sea por enfermedad o accidente. Cuando eso ocurre, además de una explicación clara sobre lo sucedido, es un buen momento para reforzar ideas de cuidado general de la salud y prevención de accidentes.

## LA MUERTE DE UN HIJO

Se supone que lo natural es que los hijos entierren a sus padres, por lo que el perder a un hijo es uno de los dolores más grandes que puede sufrir un ser humano. Es una inversión de la ley natural de la vida.

Los padres que pierden un hijo —de cualquier edad— tienen mayor tendencia a presentar duelos complicados, siendo muy frecuentes una enorme carga de rabia por lo que consideran injusto y el culparse por lo que —en su idea— pudieron o no haber hecho para evitar la muerte del hijo. Si una pérdida es de por sí muy trágica a cualquier edad, la sensación de injusticia que se siente al sentir que una vida se ha truncado tan temprano puede hacer que la ira y la rabia de los padres sean aún más fuertes. Esos sentimientos son mucho más intensos cuando la muerte del hijo es súbita, como un accidente, por ejemplo.

Estos padres sufren de más síntomas de depresión. Es muy común que, en su pena, pongan en duda el significado y propósito de sus vidas. Es muy común que sufran también de una mayor frecuencia de síntomas psicosomáticos, por lo que son muy comunes las frecuentes visitas al médico, tratando de buscar una explicación a sus males.

El proceso de recuperación después de la muerte de un hijo o de un niño es por lo general mucho más largo y complicado para los deudos; el dolor puede incluso empeorar con los años, a medida que los padres o los familiares ven crecer a otros niños y lamentarse por lo que sus hijos nunca pudieron hacer. Los padres afligidos pueden necesitar ayuda de profesionales de la salud o grupos de apoyo del duelo.

## EL DUELO DESPUÉS DE UN SUICIDIO

Cuando un ser querido se suicida, las emociones que invaden a los familiares y amigos pueden ser extraordinariamente intensas. Se cree que el suicidio es una reacción a sentimientos abrumadores de soledad, inutilidad, impotencia, desesperanza y depresión. De las cinco etapas del duelo descritas por la Dra. Kübler-Ross, las etapas de ira y depresión son muy intensas cuando ocurre un suicidio en la familia o en el grupo social.

Es característico que los familiares y amigos del fallecido por suicidio se sientan consumidos por la culpa, preguntándose si podrían haber hecho algo para evitar la muerte de su ser querido, pensando una y otra vez en las señales que pudo o no pudo haber dado el fallecido. «¡Cómo no me di cuenta!» o «¡Si hubiera prestado atención a lo que me decía!» son pensamientos que vuelven una y otra vez y atormentan a familiares y amigos de la víctima.

El suicidio de un ser querido puede desencadenar severa disminución de la autoestima debido al cuestionamiento de familiares y amigos de si su relación con el fallecido no fue lo tan fuerte como para evitar lo sucedido y se preguntan qué hicieron mal. El suicidio de un ser querido provoca también en amigos y familiares profundas reflexiones sobre el sentido de la vida y de la muerte.

Las fuertes reacciones emocionales después del suicidio de un familiar o amigo pueden seguir surgiendo meses o años después del evento. Pesadillas, *flashbacks,* dificultad para concentrarse, retraimiento social y pérdida de interés en las actividades habituales son frecuentes y recurrentes, especialmente en las personas que fueron testigos del suicidio o lo descubrieron.

Además de los sentimientos negativos antes descritos, familiares y amigos deben lidiar con el estigma social del suicidio que existe en muchas sociedades. Eso retrasa la recuperación del duelo porque, al no poder hablar abiertamente sobre el suicidio, familiares y amigos pueden sentirse abandonados y aislarse.

## SUICIDIO DE UN NIÑO

Si el duelo por el suicidio de un adulto es doloroso, el duelo por el suicidio de un niño es extraordinariamente devastador, muy especialmente para los padres del niño fallecido. Los sentimientos de *shock,* negación, culpa, ira y depresión son una parte normal del duelo, pero son muy intensos en los padres y familiares del niño fallecido por suicidio.

El suicidio de un niño puede plantear enormes interrogantes, dudas y dolorosos miedos en los padres, quienes se preguntan constantemente en qué fallaron y no tienen explicación de por qué su amor no fue lo suficientemente fuerte como para salvar a su hijo. Esos sentimientos hacen que los padres consideren que han fracasado en su rol de cuidadores y desarrollen sentimientos de culpa y vergüenza. Toma mucho tiempo que los afligidos padres consigan la resignación de que poco es lo que pudieron hacer para prevenir el suicidio de su hijo.

El estigma social asociado con el suicidio debido a interpretaciones culturales y religiosas hace que padres y familiares se muestren reacios a revelar la causa de la muerte de su hijo. Mantener en secreto el suicidio del niño provoca a su vez aislamiento social, lo que impide que consigan ayuda. Por eso, un componente importante en la superación del duelo es revelar la verdad de lo sucedido y buscar apoyo de amigos y familiares que le permitan compartir abiertamente sus sentimientos.

Además de la culpa y el arrepentimiento que ocurre en los padres y familiares de un niño que se suicida, característicamente esos sentimientos se extienden también a los amigos y compañeros de clase del niño e incluso a los compañeros de trabajo de los padres. La frase «si tan solo hubiera» es repetida una y otra vez por todos, aumentando la sensación de culpa. A las recomendaciones generales de cómo aliviar el duelo en una persona afectada, en estos casos es de vital importancia la empatía y la paciencia. Estar dispuesto a escuchar es lo mejor que podemos hacer por los padres afectados.

# EPÍLOGO

*Debido a que la muerte es una etapa*
*necesaria de la vida, uno debe estar preparado*
*para afrontarla con dignidad y paz.*

Elisabeth Kübler-Ross

La muerte es una etapa de la vida y, así como la vida, es un asunto extraordinariamente complejo e imposible de entender a cabalidad.

Si al terminar de leer este libro el lector ha adquirido un mejor entendimiento de algunos aspectos históricos, biológicos, sociales, de preparación personal y familiar y del cómo enfrentar el duelo después de la pérdida de un ser querido, sentiré que he cumplido con mi objetivo.

En conversaciones con pacientes, amigos, familiares y público en general he encontrado dos tipos de reacciones a un libro que trate sobre la muerte. Por un lado, después de poner los ojos en blanco, algunas personas pensaban que un libro así no les interesaría en este momento, pero quizás en el futuro; que les daba miedo. Pero, por otro lado, la gran mayoría me expresó un enorme interés, y me dijeron que un libro así llenará un vacío de información en lenguaje sencillo y apto para todo público.

No sé en qué grupo estará usted, pero quiero confesar
que al escribir esta obra no he pretendido escribir un tratado enciclopédico sobre la muerte, sino más bien un breve
libro de consulta que podamos leer cuando, en nuestra vida
diaria, queramos explorar y reflexionar sobre el significado de la muerte y la necesidad de estar preparados ante ella.

Quiero confesarle que escribir este libro ha producido
un profundo cambio en mí mismo. Sin duda, no soy la misma persona que empezó a escribirlo.

Una cosa es haber atendido a miles de personas como
pacientes y haber ayudado a morir a cientos de personas
como médico oncólogo, pero otra cosa completamente diferente es reflexionar sobre mi propia mortalidad.

Por mis múltiples lecturas, conocía bien los aspectos
históricos de la muerte y cómo las antiguas sociedades la
percibían y la confrontaban. Por otro lado, a través del contacto personal con cadáveres de cientos de pacientes, había comprobado personalmente los cambios biológicos que
ocurren durante y después de la muerte.

Por mi propia experiencia como médico practicante conocía también el enorme impacto de la medicalización de
la muerte, es decir, de la tendencia actual de los médicos a
posponer a toda costa la muerte de sus pacientes y conside-
rarla como un enemigo de su profesión. En ese sentido, he
acompañado a muchas familias que, por falta de comunicación, no sabían que el caso de su familiar era irrecuperable,
pero que, sin embargo, permanecían por semanas muriendo lentamente en la unidad de cuidados intensivos. Del
mismo modo, tal como lo describimos en el capítulo siete,

he practicado por mi profesión el difícil arte de saber consolar a los amigos y familiares de mis pacientes fallecidos.

Sabía también cómo, en reacción al sufrimiento causado por la medicalización de la muerte, múltiples segmentos de la sociedad de diferentes países, incluidos los de América Latina, impulsaron los movimientos de muerte digna y eutanasia.

Pero, probablemente debido a mi edad, los capítulos que realmente resonaron en mí fueron el quinto, en el que se examina cómo ayudar y preparar a alguien a morir, y el sexto, sobre cómo evitar dejarles problemas a nuestros familiares y tener las cosas listas cuando llegue la muerte.

Al escribirlos y enumerar las recomendaciones y acciones que se debían tomar en ambos casos, no podía dejar de pensar en si yo estaba preparado. Concluí que no lo estaba completamente, por lo que, al mismo tiempo que escribía esos capítulos, trataba de prepararme para cuando me llegue el momento.

Y esa ha sido mi intención al escribir este libro, estimado lector: que cuando le llegue el sentimiento del *memento mori* —es decir, de la consciencia de que la muerte es una condición inevitable—, y tenga curiosidad de saber sobre ella, la lectura de este libro lo prepare para afrontarla con dignidad y con conocimientos basados en ciencia y evidencia.

Al escribir este libro no he buscado mostrar a la muerte como el evento central de la vida y en la que hay que pensar todo el tiempo, sino, más bien, que, al conocerla, apreciemos como nunca la vida y entendamos que debemos vivir con toda la energía, fuerza y alegría que podamos, para que, cuando algún día la muerte llegue, sepamos enfrentarla y ayudar a nuestra familia. Educarnos sobre lo que significa la muerte no elimina nuestra capacidad de vivir cada momento de nuestra vida con positividad y gozar cada minuto de ella.

> *Así como un día bien empleado*
> *hace placentero el sueño,*
> *así una vida bien empleada*
> *hace placentera la muerte.*
>
> Leonardo da Vinci

# ÍNDICE ANALÍTICO

# BIBLIOGRAFÍA CITADA*

**Capítulo 1**

Bhalla, Shivani. «The Death of Eleanor». Save The Elephants, 10 de octubre de 2003. https://www.save-theelephants.org/ news/the-death-of-eleanor/

Anderson, James R. y otros. «Pan thanatology». *Current biology* 20, n.° 8 (2010): R349-51. doi:10.1016/j.cub.2010.02.010

Ritter, Fabián. «Behavioral responses of rough-too-thed dolphins to a dead newborn calf». *Marine Mammal Science,* 23, n.° 2 (2007): 429-433. https://doi. org/ l0.111l/j.l748-7692.2007.00107.x.

Bekoff, Marc. «Animal emotions, wild justice and why they matter: Grieving magpies, a pissy baboon, and empathic elephants». *Emotion, Space and Society, 2* (2009): 82-85. https://www.sciencedirect.com/sdfe/pdf/ download/ eid/l-s2.0-S175545860900054l/first-page-pdf

Carbonell, Eudald y Marina Mosquera. «The emergence of a symbolic behaviour: the sepulchral pit of Sima de los Huesos, Sierra de Atapuerca, Burgos, Spain». Comptes

---

* *Nota del editor: las entradas bibliográficas se presentan en orden de aparición.

Rendus *Palevol* 5, (2006): 155-160. https://doi.Org/lO.1016/j. crpv.2005.11.010

«Qafzeh: Oldest Intentional Burial». Smithsonian, National Museum of Natural History, https://humanorigins. si.edu/ evidence/behavior/burial/qafzeh-oldest-intentional-burial

Stringer, C. y otros. «ESR dates for the hominid burial site of Es Skhul in Israel». *Nature,* 338 (1989): 756-758. https://doi. org/10.1038/338756a0

«Mungo Lady». National Museum of Australia. https://www. nma.gov.au/defining-moments/resources/mungo-lady

*Encyclopaedia Britannica,* 15.ª edición, s. v. «moksha».

Wikipedia, s. v. «Moksha (hinduismo)», última edición el 9 de mayo de 2024. https://es.wikipedia.org/wiki/Moksha_(hinduismo)

*World History Encyclopedia.* s. v. «Xibalba».

Mark, Joshua J. «Ten Facts You Need to Know about the Inca, World History Encyclopedia», 19 de febrero de 2020. https://www.worldhistory.Org/article/1506/ten-facts-you-need-to-know-about-the-inca/

Ariès, Philip. *Western Attitudes Toward Death from the Middle Ages to the Present* ['Actitudes occidentales hacia la muerte desde la Edad Media hasta el presente']. Baltimore, etc.: The Johns Hopkins University Press, 1974.

Jacobsen, Michael Hviid «"Spectacular Death"—Proposing a New Fifth Phase to Philippe Ariès's Admirable History of Death». *Humanities,* 5, n.° 2 (2016): 19, http://dx.doi. org/l0.3390/h5020019

## Capítulo 2

Hathaway, Bill. «Yale-developed technology restores cell, organ function in pigs after death». *YaleNews,* 3 de agosto de 2022. https://news.yale.edu/2022/08/03/yale-developed-techno-logy-restores-cell-organ-function-pigs-after-death

«Alcor», página web, https://www.alcor.org/?gad_source=1 [Visitado el 29 de mayo de 2024].

Salgado, Liliana. «Arizona cryonics facility preserves bodies to revive later». *Reuters,* 12 de octubre de 2022. https:// www.reuters.com/lifestyle/science/arizona-cryonics-facili-ty-preserves-bodies-revive-later-2022-10-12/

Lesté-Lasserre, Christa. «Frozen human brain tissue can now be revived without damage». *NewScientist,* 15 de mayo de 2024. https://www.newscientist.com/article/2431153-frozen-human-brain-tissue-can-now-be-revived-without-damage/

## Capítulo 3

Cross, Sarah H. y Haider J Warraich. «Changes in the Place of Death in the United States». *The New England Journal of Medicine,* 381, n.° 24 (2019): 2369-2370. doi:10.1056/NEJMc1911892

Kelly, Fiona y otros. «Intensive care medicine is 60 years old: the history and future of the intensive care unit». *Clinical Medicine* (Londres), 14, n.° 4 (2014): 376-379. https://doi. org/10.7861/clinmedicine.14-4-376

«Forrest M. Bird». National Inventors Hall of Fame. https:// www.invent.org/inductees/forrest-m-bird

Field, Marilyn J. y Christine K. Cassel (eds.). *Approaching Death: Improving Care at the End of Life.* Washington D. C.: National Academies Press, 1997.

Adair, Tim. «Who dies where? Estimating the percentage of deaths that occur at home». *BMJ Global Health,* 6 (2021): e006766. https://gh.bmj.com/content/6/9/ e006766

Marszalek Litauska, Agata y otros. «Do residents need end-of-life care training?». *Palliative & Supportive Care,* 12, n.° 3 (2014): 195-201. https://doi.org/10.1017/ S1478951512001101

Schmit, Jessica M. y otros. «Perspectives on death and dying: a study of resident comfort with End-of-life care». BMC *Medical Education,* 16, n.° 297 (2016). https:// doi.org/10.1186/s12909-016-0819-6

Paturel, Amy. «Let's talk about death». AAMC, 14 de enero de 2019. https://www.aamc.org/news/let-s-talk-about-death

Hui, David y otros. «Impact of Oncologists> Attitudes Toward End-of-Life Care on Patients> Access to Palliative Care». *The Oncologist,* 21, n.° 9 (2016): 1149-1155. https://doi. org/l0.1634/theoncologist.2016-0090

Saunders, Cicely. «The evolution of palliative care». *Journal of the Royal Society of Medicine,* 94, n.° 9 (2001): 430-432. https://doi.org/10.1177/2F014107680109400904

## Capítulo 4

Steinhauser, Karen E. y otros. «In Search of a Good Death: Observations of Patients, Families, and Providers». *Annals of Infernal Medicine,* 132, n.° 10 (2000): 825-832. https://doi. org/10.7326/0003-4819-132-10-200005160-00011

«Formato de voluntad anticipada para el paciente adulto». Secretaría de Salud del Gobierno de la Ciudad de México. https://www.salud.cdmx.gob.mx/storage/app/media/uploaded-files/Formatos%20Voluntad%20Anticipada.pdf

«Declaración de instrucciones previas y voluntades anticipadas». Conferencia Episcopal Española. https://www.con-ferenciaepiscopal.es/wp-content/uploads/202l/04/ Testamento-vital.docx

Balado, Lois. «Doulas del final de la vida: "Es importante educar a los pacientes y a sus familias sobre qué esperar de la muerte"». *La Voz de Galicia, 7* de marzo de 2023. https://www.lavozdegalicia.es/noticia/lavozdelasalud/salud-mental/202 3/02/1 l/doulas-final-vida-objeti-vo-reducir-sufrimiento-personas-puedan-tener-muer-te-paz/00031676127499715489639.htm

## Capítulo 5

Biotti-Mache, Francoise. «Euthanasia: Elements of language and history». *Études sur la Mort, 2* (2016): 17-33. https://www.cairn-int.info/article-E_ESL-M_150_0017--euthanasia-elements-of-language-and.htm

Appel, Jacob M. «A Duty to Kill? A Duty to Die? Rethinking the Euthanasia Controversy of 1906». *Bulletin of the History of Medicine*, 78, n.° 3 (2004): 610-634. https://doi.org/10.1353/ bhm.2004.0106.

Baker, Robert. «Review of A Concise History of Euthanasia: Life, Death, God, and Medicine». *Bulletin of the History of Medicine, 80, n.° 4 (2006):* 789-790. https://doi.org/ l0.1353/ bhm.2006.0000.

Cataldo, Peter J. y Dan O'Brien (eds.). *Palliative Care and Catholic Health Care: Two Millennia of Caring for the Whole Person.* Springer, 2019.

Frank, Marc y Nelson Acosta. «Cuba quietly authorizes euthanasia». *Reuters,* 22 de diciembre de 2023. https://www.reuters.com/world/americas/cuba-quietly-authorizes-euthanasia-2023-12-22/

Fernández, Carlos F. «Decisión de negar la eutanasia a padre de Matador no fue capricho». *El Tiempo,* 29 de junio de 2015. https://www.eltiempo.com/archivo/documento/CMS-16021402

«La eutanasia de su padre, bajo el trazo de 'Matador'». *El Tiempo.* https://www.eltiempo.com/multimedia/fotos/gente7/la-eutanasia-de-su-padre-bajo-el-trazo-de-matador/16038335

«Ovidio González cumplió su última voluntad». *La Tarde,* 3 de julio de 2015. https://web.archive.org/web/20150808015759/ http://www.latarde.com/noticias/pereira/l53461-ovi-dio-gonzalez-cumplio-su-ultima-voluntad

Montaner, Carlos A. «Carlos Alberto Montaner: "Cuando usted lea este artículo yo estaré muerto"». *CNN en Español,* 4 de julio de 2023. https://cnnespanol.cnn.com/2023/07/04/carlos-alberto-montaner-articulo-póstumo-orix/

## Capítulo 6

«¿Cómo saber si un familiar fallecido tenía ahorros en bancos o aportes en AFP?». *Andina,* 4 de abril de 2024. https://andina.pe/agencia/noticia-como-saber-si-un-familiar-fallecido-tenia-ahorros-bancos-o-aportes-afp-700197.aspx

## Capítulo 7

Shear, Katherine y Susan Essock. «Brief Grief Questionnaire». University of Pittsburgh. https://pttcnetwork.org/wp-content/uploads/2022/08/Brief-complicated-grief-questionnaire.pdf

# BIBLIOGRAFÍA DE CONSULTA

Ariès, Philippe. *Historia de la muerte en Occidente. Desde la Edad Media hasta nuestros días.* Acantilado, 2005.

Bass, Bill y Jon Jefferson. *Death's Acre: Inside the Legendary Forensic Lab. The Body Farm Where the Dead Do Tell Tales.* Berkley Books, 2004.

Bigham, Blair. *Death Interrupted: How Modern Medicine is Complicating the Way We Die.* The Walrus Books, 2022.

Bossi, Laura. *Las fronteras de la muerte.* Fondo de Cultura Económica, 2017.

Cordeiro Mateo, José Luis y David William Wood. *La muerte de la muerte. La posibilidad científica de la inmortalidad física y su defensa moral.* Deusto, 2018.

De León, Juan Luis. *La muerte y su imaginario en la historia de las religiones.* Universidad de Deusto, 2007.

Doughty, Caitlin. *From Here to Eternity: Traveling the World to Find the Good Death.* Recorded Books, 2017. Audiolibro.

Dugdale, Lydia S. *The Lost Art of Dying: Reviving Forgotten Wisdom.* HarperOne, 2021.

Gawande, Atul y Paul Reps. *Ser mortal: la medicina y lo que importa al final.* Traducido por Alejandro Pradera Sánchez. Galaxia Gutenberg, 2015.

Kübler-Ross, Elisabeth. *Sobre la muerte y los moribundos.* Debolsillo, 2010.

Kübler-Ross, Elisabeth y Amelia Brito. *La rueda de la vida [The Wheel of Life]: Solo haciendo lo que de verdad os importa, podréis bendecir la vida cuando la muerte esté cerca.* Penguin Random House Audio, 2022. Audiolibro.

Kübler-Ross, Elisabeth y David Kessler. *Sobre el duelo y el dolor.* Traducido por Silvia Guiu Navarro. Luciérnaga, 2023.

Quigley, Christine. *Modern Mummies: The Preservation of the Human Body in the Twentieth Century.* McFarland & Company, 2006.

Rinpoche, Sogyal. *El libro tibetano de la vida y de la muerte.* Urano, 2022.

Roach, Mary. *Fiambres: La fascinante vida de los cadáveres.* Traducido por Álex Gibert. Global Rhythm Press, 2007.

Suter, Ann, ed. *Lament: Studies in the Ancient Mediterranean and Beyond.* Oxford University Press, 2008. Kindle.

Vidal Egea, Ana. *Cómo acompañar a morir: Una guía práctica para doulas del final de la vida y cuidadores.* La Esfera de los Libros, 2022.